国語授業の改革21

「対話的で深い学び」を生み出す 国語科の教材研究力

教材研究の深さこそが

「対話的な学び」「深い学び」を実現する

「読み」の授業研究会 編

学文社

はじめに

学習指導要領では「主体的・対話的で深い学び」の実現に向けた授業改善が重視されています。特に国語科では、それとの関連で「言葉による見方・考え方」を鍛えるべきことが大きく前面に出されています。

そして、それらを実現するためには、私たち教師が質の高い教材研究力をもつことが必須条件のはずです。しかし、残念ながら最近では国語科の教材研究、教材研究力について語られることが極めて少なくなっています。

そこで本号では「『対話的で深い学び』を生み出す国語科の教材研究力」を特集しました。質の高い国語科の教材研究力を身につけるにはどうすればよいのか。教材研究を深めるための具体的な方法とはどういうものか。文章・作品の中のどこにこそ着目して教材研究を進めていけばよいのか。――などを解明しました。

第Ⅰ章では、阿部の論考に続き、物語・小説、古典、説明文・論説文それぞれについて、どうすれば教材研究が深まるのか。どうすれば教材研究力がつくのかを提案しました。「ごんぎつね」「故郷」「すがたをかえる大豆」などを使っての提案です。第Ⅱ章では、「ちいちゃんのかげおくり」「走れメロス」「羅生門」「じどう車くらべ」「『鳥獣戯画』を読む」などの教材の研究を示しました。第Ⅲ章では教材研究力を生かした小学校5年生の『徒然草』の授業を紹介しました。中高の先生方にも参考になる先進的実践です。そして第Ⅳ章では、気鋭の研究者にさまざまな角度から「国語科の教材研究力を高めるための方略」について論じていただきました。

『国語授業の改革』には、その名のとおり国語の授業を改革するための切り口がたくさんあります。多くの先生方、研究者の方々に読んでいただき、ご意見・ご批判をいただきたいと思います。

二〇二二年八月

「読み」の授業研究会 代表　　阿部　昇（秋田大学名誉教授）

目次

【問題提起】

1 教材研究の深さ豊かさが国語科の「対話的な学び」「深い学び」の鍵となる
――教材研究力を高めるための10の方法

阿部 昇（秋田大学名誉教授）

1 教材研究の大きな空洞化

国語の授業を成立させる大前提である教材研究のあり方に、大きな空洞化が起きている。先生方が「教材研究」をしていないわけではない。時間がない中、指導書やネットの情報に目を配りながら教材に向き合っている。しかし、それは教材の表層をなぞり、必要最低限の情報を得ているだけの場合が少なくない。

今、必要とされているレベルの教材研究にはほど遠い。「対話的な学び」が求められているが、豊かな対話を生み出すような教材研究が行われていないから浅い「対話」で終わる。「深い学び」が求められているが、浅い教材研究から「深い学び」が生まれるはずがない。求められている高度な教科内容としての「言葉による見方・考え方」などもちろん育てられるはずがない。

もう一度、国語科の教材研究の実態を省察し問題点を丁寧に洗い出し、それを克服するための切り口を見つけ出す必要がある。それを放置しておくと、ほぼ表層をなぞるだけの国語の授業が拡大再生産されることになる。

教材の構造を俯瞰し、一語一文にこだわり、ロジックやレトリックの効果を解明しながら教材の深層に迫っていく。そして文章・作品の特長や魅力、工夫に迫っていかなければ教材研究とはいえない。また、文章の論理の飛躍や作品の違和感などを批判的に検討することも、教材研究では必須である。

そういう教材研究を重層的に繰り返していくことで、授業で豊かな「対話」が生まれ「深い学び」が実現する。

2 教科内容―教材研究―授業構築という文脈で考える

質の高い国語の授業を実現するためには、大きく三つの要素が必要となる。一つ目は、その国語の授業で子どもにどういう国語の力を育て身につけさせるかという教科内容の解明である。三つ目は、実際に授業をどう行うかという授業構築の切れ味である。質の高い学習課題・発問・助言をどう組み立てるか。グループを生かした対話をどう実現するかなどである。そして、それらを生み出す二つ目の要素が教材研究の質である。

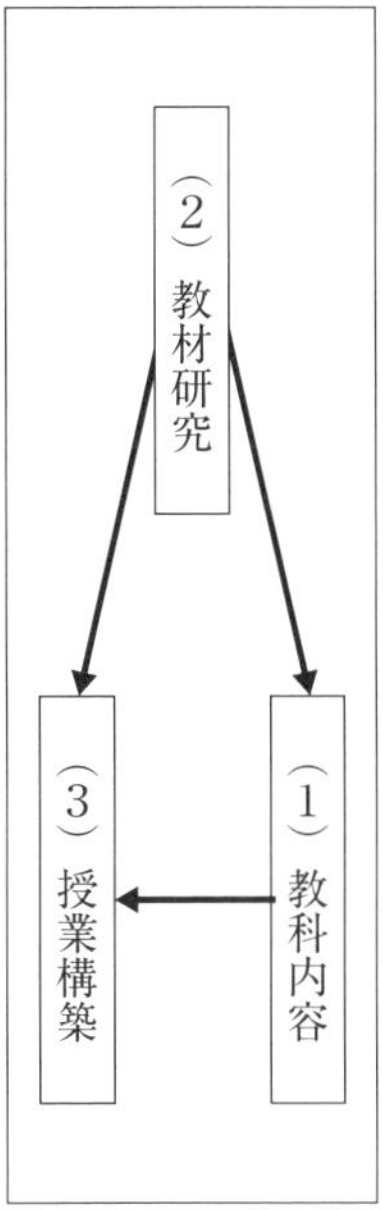

これらは相互に深く関係している。教材研究の質が高ければ、その教材を通じてどういう国語の力・言語の力をつけていけばよいかが見えてくる。教師自身が教材研究で文章や作品を読み深める過程をメタ的に振り返ることで、それが見えてくる。読みの過程を振り返りながら、自分自身がどういう方法で読み深めたのかを意識化できれば、そこから精選した「読むための方法」を子どもたちに学ばせ身につけさせることが可能となる。

逆に見れば、教材研究が弱いから、その単元・授業で子どもたちに育てるべき目標・ねらいが曖昧になる。「人物の心情の変化をつかむ。」「オゾン層の破壊について正確に読みとる。」などである。そういった目標・ねらいでは、どういう力をつけるのかが全く見えてこない。

教材研究は、授業構築にも深く関わる。特に対話型の授業では質の高い教材研究が鍵となる。教師自身が教材研究で迷い揺れるようなところは、授業で子どもたちも迷い揺れる場合が多い。この迷いや揺れこそが、教材研究を深め豊かにする鍵である。その過程で新しい読みの方法を発見できることが多くある。同時に、それがそのまま授業での子どもたちの意見の分裂にもつながる。分裂があるからこそ、対話や討論で読みを多角的に見直し高めていくことができる。

対話が成立しない、あるいは対話があったとしても読みが浅いままに終わるのは、教材研究が甘いからである。

3　教材研究の質を高めるための三つのカテゴリー

それではどうすれば国語科の教材研究の質を高めることができるかについて考えていこう。本稿では「10の方法」を提案するが、まずそれらの大きな枠組みを示す。大きな枠組みは、次のとおりである。[1]

a　**構造的に文章・作品を捉える**
b　**ロジック・レトリックなどさまざまな仕掛けを捉える**
c　**文章・作品を批判的・評価的に捉える**

第一に、文章や作品を構造的に捉えることが教材研究では有効である。説明的文章でも文学的文章でも、一つ一つの語句や文、段落が大切であることは言うまでもない。しかし、各部分にだけ着目していると、全体像が見えなくなるということが起こる。「木を見て森を見ず」という状態である。

文章・作品を「構造」という見方で俯瞰することで、部分の集まりという観点では見えてこない要素が鮮やかに浮かび上がる。論説文であれば「序論・本論・結び」を手掛かりに構造を俯瞰することで、仮説（主張）がどこに書かれ、それをどのように説得的に論証しようとしているかの大きな枠組みが見えてくる。物語・小説であれば「導入部・展開部・山場・終結部」そして「クライマックス」に着目しながら構造を俯瞰することで、さまざまに仕掛けられた伏線とそれを回収するクライマックスとのダイナミックな関係が見えてくる。

第二に、説明的文章のロジック、文学的文章のレトリックなどさまざまな仕掛けを捉えることが、教材研究では必要である。（ただ説明的文章でもレトリックを読むこと、文学的文章でもロジックを読むことは重要である。）

説明的文章では「柱」の段落や文に着目し、柱以外の段落や文がそれをどうサポートしているかをつかむことで、段落相互・文相互の論理関係を把握できる。論説文であれば仮説（主張）と論証の関係をさらに詳細に分析することにつながる。物語・小説では構造の把握を生かしながら、作品中の「鍵」となる語句や文（キーワード・キーセンテンス）に着目することが重要である。そして、レトリックや仕掛けの特徴に即した豊かで多角的な読みを創り上げていく。

第三に、文章・作品を批判的・評価的に捉えることで、論理の仕掛けや面白さの仕掛けがより立体的に見えてくる。特長も弱さも見えてくる。

説明的文章でも文学的文章でも、教科書教材は優れているという見方が暗黙の前提として存在している。しかし、それでは文章や作品を読んだことにはならないし、教材研究も深まらない。そもそも説明的文章の論説文は、筆者が仮説を示しているのだから、読者としてはその仮説に納得できるかできないかを意識して読むことは必然である。説明文でもその説明の仕方の不十分さがどこに隠れているかを発見することが大切である。しかし、これまでそれがほとんどできていなかった。物語・小説でも「共感できない」と感じることはある。それを教師も（子どもも）押し殺したまま読みを進める。しかし、そういう評価も大切な読みの在り方である。

もちろん一方で説明的文章の説明や論証の仕方の優れた点、文学的文章のレトリックや仕掛けの優れた点などをメタ的に評価していくことも大切である。

これまで、このような観点での教材研究が弱かった。今すぐそれを変えていく必要がある。

4 国語科の教材研究力を高めるための10の方法

三つのカテゴリーを大きな枠組みとして「教材研究力を高める10の方法」を提案していく。以下の10である。

（1）言葉に徹底的にこだわる
（2）差異性を最大限に生かす
（3）文章・作品のジャンルを意識する
（4）説明的文章の構造を俯瞰的に捉える
（5）物語・小説の構造を俯瞰的に捉える
（6）説明的文章のロジックや仕掛けを捉える
（7）物語・小説のレトリックや仕掛けを捉える
（8）どの語句・どの文にこそこだわるかを意識する
（9）文章・作品を評価的・批判的に捉える
（10）教材研究力は共同研究の中で高くなる

（4）（5）が三つのカテゴリー中の「構造」、（6）（7）（8）が「ロジック・レトリック」、（9）が「批評」「批判」にあたる。（1）（2）（3）は三つに共通する。

（1） 教材研究力を高める方法1　言葉に徹底的にこだわる

教材研究では一字一句に徹底的にこだわることが必須である。一字一句をスルーする教材研究が多すぎる。

小6の物語「海の命」（立松和平）のクライマックスの部分である。[2]

> 「おとう、ここにおられたのですか。また会いに来ますから。」
> こう思うことによって、太一は瀬の主を殺さないで済んだのだ。

太一が父の敵として長年探し続けていた巨大なクエに出会った際に殺すことをやめる場面だが、〈太一にはクエが父親と思えたので殺さないと決めた。〉という教材研究が多い。しかし、太一が父を殺した眼前のクエを父だと思うことなどありえない。荒唐無稽な読みである。

そんな読みが出てくるのは、「こう思うことによって」と「済んだのだ」を読み落としているためである。まず「済んだのだ」である。今、太一はクエを殺すことをやめようと考え始めている。しかし、もう一人の自分が父の敵を殺さなければと考えている。ぎりぎりのせめぎ合いの中でなんとか殺さないで「済んだ」ということである。「こう思うことによって」も、殺したくないという自分と殺さなければという自分の闘いの中で、クエを仮に父親と重ねることにより何とか殺そうとする自分を抑えたということである。「こう思うことによって」は、太一が自分で自分に言い聞かせるようにしているのである。

太一はこの時点ではクエを殺さないことを、自信をもって決断してはいない。殺したいという自分もいる。終結部で「千びきに一ぴきしかとらないのだから、海の命は全く変わらない。」と考える太一は、殺さないでよかったと確信しているが、今はまだ葛藤がある。

説明的文章でも一語にこだわるとさまざまなことが見えてくる。小4の論説文「世界にほこる和紙」（増田勝彦）には「わたしたち」と「みなさん」という言葉が出てくる。[3] これらが具体的に誰を示すのかを追究してみると意外なことが見えてくる。

見逃している語句・表現はないかを意識しこだわる

（2）教材研究力を高める方法2　差異性を最大限に生かす

「言語には差違しかない」と述べたのはF・ド・ソシュールである。[4] 池上嘉彦も「語の意味は他の語の意味との関連で決まる」と述べる。[5]「差違」に着目しながら教材を読むと確実に教材研究が深くなる。

「ごんぎつね」（新美南吉）の導入部でごんは「ひとりぼっちの小ぎつね」と紹介される。[6] まず「ひとりの小ぎつね」との差異である。一人で暮らしているというだけではない。「ぼっち」からいるべきはずの家族がいないこと、孤独が読める。この人物設定は大きな意味をもつ。また、「小ぎつね」とある。「子ぎつね」ではない。「子ぎつね」は子どものきつねだから、野生では親なしで生きてはいけない。「小ぎつね」とあり、ひとりで「住んでいました。」とあることから、親なしでは生きられない子どものきつねではない。しかし「小」とあるのだから、完全な大人でもない。人間だと中学生～高校生くらいか。年齢もこの後の兵十との関係で意味をもつ。

「走れメロス」（太宰治）のディオニス王の人物像を描いている次のような部分がある。[7]

その王の顔は蒼白で、眉間のしわは刻み込まれたように深かった。

この「蒼白」に着目する。「蒼」は「青」のことである。だから、「その王の顔は青白く」という意味である。しかし、「その王の顔は蒼白で」と比べると、同じではない。「蒼白」の方が、より切迫感や憔悴感が強い。ただ物理的に青白いのとは少し違う。それは「眉間のしわは刻み込まれたように深かった。」とも照応する。「青白く」は和語だが、「蒼白」は漢語である。それも日常的によく使う言葉ではない。非日常性をもつ。「アオジロク」と「ソーハク」という音感の違いも影響する。

この切迫感・憔悴感も、事件と大きく関わる。

差異性はもちろん説明的文章の教材研究でも威力を発揮する。小5の説明文「魚の感覚」（末広恭雄）のタイトルの「魚」には、「うお」とルビが振ってある。[8] なぜ「さかな」と読ませないかにこだわると、「うお」と「さかな」の差異が見え、筆者の意図が把握できる。

差異性は、授業での子どもへの助言でも有効である。国語科だけでなく全教科の教材研究でも有効である。

差異性こそ言語を分析し読み深めるときの切り札

(3) 教材研究力を高める方法3 ジャンルを意識する

日本の国語の授業はジャンルの指導が極めて弱い。それが顕在化したのが二〇〇〇年のOECDの国際調査PISA(生徒の学習到達度調査)の「読解力」問題中のジャンルに関する問いである。これに日本の子どもは歯が立たなかった。「読解力」全体は平均点を上回ったが、この問いは正答率がOECD平均を約三〇%下回った。[9]

DNAが警察の捜査にどう役立つかを述べた文章を読み、文章の「目的」を答える。正答は「情報を伝えること」だが、「納得させること」と答えた子どもが多かった。「~過ぎません。」などの文体に惑わされてしまった。

日本でも「報告文」「観察文」「記録文」「説明書き」「解説文」「意見文」「評論」などのジャンルを指導することはある。しかし、肝心のところが抜けている。

説明的文章のジャンル指導は、二分法から出発する必要がある。二つとは「説明型(説明文)」と「論説型(論説文)」である。説明型は、すでに解明されていることを、まだ知らない人に情報として伝える文章である。それに対し論説型は、定説がない対象について自らの仮説(主張)述べた文章である。定説を批判し仮説を提示する場合もある。当然それを論証する部分も重要である。

この違いによって、読みの方向性が大きく違ってくる。論説型の場合は、仮説があるのだから読み手はそれに納得できるかどうかを判断しながら読む必要がある。一方説明型はすでに解明されたことを伝えるのだから、とりあえずその必要はない。論説型は仮説と論証に着目し、仮説への自らの判断を明確にする。説明型は情報の伝え方に着目し、それがわかりやすいかを判断する。

小3の「すがたをかえる大豆」(国分牧衛)は説明型であるのに対し、小6の「時計の時間と心の時間」(一川誠)は論説型である。[10] ジャンル把握が曖昧だと「時計の時間と心の時間」で説明型と同じような読み方をしてしまう恐れがある。仮説と論証への着目と検討が不十分になる。

「報告文」「記録文」「意見文」「評論」などは説明型・論説型の下位ジャンルとしてそれぞれ位置づけるのである。

物語・小説でも、詩というジャンルとの違いを意識することで、それを読むための重要な切り口が見えてくる。

ジャンルを意識することで文章・作品の方向が見える

（4）教材研究力を高める方法4　説明的文章の構造を俯瞰

説明的文章の構造を俯瞰することで、説明文だと伝達の工夫の枠組みが見えてくる。論説文だと仮説（主張）がどのように論証されているかの枠組みが見えてくる。

「はじめ・なか・おわり」「序論・本論・結び」で文章を捉えると、「問題提示→それを受けての説明（答え）→まとめ」という文章の全体像がつかめる。論理の流れの俯瞰である。特に論説型の場合、序論や結びで仮説が示されるが、仮説と論証の関係性の全体像が見えてくる。「なか」「本論」もいくつかに分割するが、その「なか1」「なか2」……の関係性も大きくつかめる。

説明文「すがたをかえる大豆」の「なか」は五つに分かれ、大豆をどんな工夫で食品にするか説明する。[11] 五つの「なか」の説明の順序に筆者の工夫が隠れている。「なか1」の3段落には「大豆をその形のままいったり、にたり」する工夫が示され、「なか2」の4段落には、「こなにひいて」食べる工夫が示されている。たとえば4段落①文は「次に、こなにひいて食べるくふうがあります。」とあり、黄粉《きなこ》を示している。

それに対し「なか3」の5段落では「大豆にふくまれる大切なえいようだけを取り出」す豆腐の工夫が示され、「なか4」の6段落では「目に見えない小さな生物の力をかり」る納豆や味噌などの工夫が示される。たとえば6段落①文は「さらに、目に見えない小さな生物の力をかりて、ちがう食品にするくふうもあります。」となっている。3段落・4段落にない「ちがう食品」という言葉が入っている。5段落にも「ちがう食品」がある。

そして、「なか5」の7段落①文では「これらの他に、とり入れる時期や育て方をくふうした食べ方もあります。」と述べ、それまでの大豆の調理とは違った工夫を示す。ここでは②文以降で「大豆」ではなく「ダイズ」という用語が登場し、枝豆ともやしが示される。

こう見ると、3段落・4段落は大豆の栄養素そのものが残る調理の工夫、5段落・6段落は栄養の一部を取り出したり新しい栄養素を生み出したりして「ちがう食品」にする調理の工夫が書かれていることがわかる。そして7段落は成熟前の取り入れと日光を当てないという育て方の工夫、つまり調理以外の例外的な工夫である。「なか」は五つに分かれるが、それがさらに三つのまとまりに分かれ、必然性のある順序で示されていることがわかる。

(5) 教材研究力を高める方法5　物語・小説の構造を俯瞰

物語・小説の構造を俯瞰することで、仕掛けられた伏線とそれを収斂させるクライマックスとの関係が見えてくる。「導入部・展開部・山場・終結部」で作品を捉えると、事件が始まる前の導入部（プロローグ）がはっきりと認識できる。ここには人物設定、時や場の設定などこれから展開する事件の枠組みが示される。そして、展開部→山場と事件が発展し、人物像が変容し、クライマックスに収斂する。伏線とクライマックスの関係である。

そこから自然とテーマがほの見えてくる。何よりこの後のレトリックの読みで着目すべき「鍵」が見えてくる。

「ごんぎつね」では、展開部で「ごんの兵十への見方の変容」が繰り返し読める。[12] ごんは兵十への共感を強めていく。その間、兵十はごんを「ぬすっとぎつね」と誤解し続ける。その誤解が、クライマックスの「ごん、おまいだったのか、いつも、くりをくれたのは。」でやっと解消される。これが「伏線→クライマックス」の関係である。だからこのクライマックスは「破局から解決」である。しかし、この時すでにごんは兵十に鉄砲で撃たれていて間もなく死ぬ。つまり「破局」でもある。このクライマックスは、伏線を収斂させつつ「解決」と「破局」を同時にもたらす。だから、読者は強い衝撃を受ける。

「羅生門」（芥川龍之介）は、「下人の老婆に対する見方の変容」が事件展開の中心だが、クライマックスの「下人は、素早く、老婆の着物を剥ぎ取った。」に向かって四回変容する。[13] その変容の節目を丁寧に見ていくと、そこに自然と一貫性が見えてくる。

一回目の変容は、「あらゆる悪に対する反感」をもつ「激しい憎悪」である。二回目の変容は「安らかな得意と満足」。三回目の変容は再び「憎悪」だが今度は「冷ややかな侮蔑」を伴う。四回目の変容が「では、おれが引剥ぎをしようと恨むまいな。」という言葉を伴う右のクライマックスである。わずかな時間に劇的に下人の老婆に対する見方は変化する。

実はいずれの変容についても、語り手はご丁寧にその変容の理由を解説してくれている。一回目は「この雨の夜に、この羅生門の上で、死人の髪の毛を抜くということが、それだけですでに許すべからざる悪」と理由を述べる。二回目は「この老婆の生死が、全然、自分の意志に支配されているということを意識」と理由を述べる。三回目は「老婆の答えが存外、平凡なのに失望」と理由を述べる。そして四回目は老婆の「飢え死にをするのじゃて、しかたがなくしたこと」を「この女は、おおかた」「大目に見てくれる」という言葉を捉え、「では、おれが引剥ぎをしようと恨むまいな。おれもそうしなければ、飢え死にをする体なのだ。」と、これは下人自ら語る。

どこに一貫性があるか。四回ともに「理由と言えない理由」という一貫性である。稿の都合で詳細は割愛するが、いずれも論理的には老婆に対する見方を劇的に変容させるだけの理由になっていない。これは導入部の人物設定「下人のSentimentalisme《サンチマンタリスム》」と見事に照応する。

これは、クライマックスに向かってどう伏線が仕掛けられているかを構造的に見ていくことで見えてくる。当然テーマもそこから浮き上がってくる。

これまでこういった俯瞰的な構造把握が弱かった。

物語・小説の構造の俯瞰で作品の事件が見とおせる

（6）教材研究力を高める方法6　ロジックや仕掛けを読む

説明的文章の構造の読みでかなり論理の流れが見えてくる。とはいえ、それだけでは説明や論証の工夫は十分には見えない。構造の読みを生かしつつ、柱の段落・柱の文に着目し、柱以外の段落・文との関係をつかんでいく。その上で、ロジックの仕掛け・特徴・工夫を読む。

小6の論説文「『鳥獣戯画』を読む」（高畑勲）では、説得のためのロジック・レトリックが見事に展開されている。[14] 蛙と兎の相撲で、蛙が兎を投げ飛ばした直後に蛙の口から出ている不思議な線を解釈する部分である。

5 ①もう少しくわしく絵を見てみよう。②まず、兎を投げ飛ばした蛙の口から線が出ているのに気がついたかな。③いったいこれはなんだろう。④けむりかな、それとも息かな。⑤ポーズだけでなく、目と口の描き方で、蛙の絵には、投げ飛ばしたとたんの激しい気合いがこもっていることがわかるね。⑥そう、きっとこれは、「ええい！」とか「ゲロロッ」とか、気合いの声なのではないか。⑦まるで漫画のふき出しと同じようなことを、こんな昔からやっているのだ。

柱の文は⑥文である。これは筆者の仮説である。仮説に納得してもらうために筆者は②文〜⑤文を仕掛ける。

はじめに①文で蛙の口から出る線という一点に焦点化させる。そして③文で「いったいこれはなんだろう。」と読者に問いかける。その上で④文で「けむりかな、それとも息かな。」と読者に選択肢を与える。読者の思考を促す仕掛けである。さらに⑤文で「激しい気合いがこもっていることがわかるね。」と助言し読者の思考を前進させる。そこでやっと⑥文で、「これは、『ええい！』とか『ゲロロッ』とか、気合いの声なのではないか。」と筆者の解釈（答え）を出す。
⑥文の結論だけを述べても文章としては成立する。しかし、焦点化→問い→選択肢→助言（ヒント）→答え―という手順を踏むことで、読者の納得を導き出すことを狙っている。見事な仕掛けである。
また、「そう、きっとこれは」の「そう」である。これは「あなたもそう思ったでしょう。そのとおり。」という意味である。実際に読者はそう思っていなくても「あなたもそう思っていたよね。」と暗示をかけている。

これらはロジックだが、説得のレトリックでもある。


ロジックを分析することで筆者の戦略が見えてくる

(7) 教材研究力を高める方法7　レトリックや仕掛けを読む

物語・小説の構造の読みでつかんだ「伏線→クライマックス」の関係を生かしつつ、レトリックや仕掛けに着目していく。

物語「ちいちゃんのかげおくり」のクライマックスは次の一文である。[15]

夏のはじめのある朝、こうして、小さな女の子の命が、空にきえました。


ここは、空襲の中、お母ちゃんとはぐれて一人だけになったちいちゃんが命を落とす決定的な部分である。ここで是非注目したいのは、「小さな女の子」である。これまで語り手は、ちいちゃんのことを「ちいちゃん」と呼んできた。しかし、この決定的なちいちゃんの死の場面だけ「小さな女の子」と呼んでいる。

これは比喩の中の「提喩（synecdoche）」という技法である。[16]「ちいちゃん」という特定の子どもを「小さな女の子」と集合を広げて一般的な言い方で表現している。

提喩には対象を一般化する効果があるが、同時にある側面を強調する効果がある（「空から白いものが」と雪を表現するとき、雪の白いという側面が強調されるのと同じである）。ここでは、「小さな女の子」で、ちいちゃんのもつ「小さな女の子」性が前面に出される。ただ「女の子」でなく「小さな」とある。

「小さな女の子」だから、まだ独り立ちできない。普通なら親や保護者の庇護のもとにあり、安全や健康を守ってもらえる。そして、普通ならまだまだこの先長く生きることができる。将来をもった存在である。それが理不尽にも命を絶たれるということの残酷さ・悲惨さを前面に出す効果がある。

また、提喩で「ちいちゃん」という親密な呼称から「小さな女の子」と一般的な呼称に変わることで、語り手とちいちゃんとの距離は遠くなる。ちいちゃんに寄り添っていた語り手が、少し遠くから見ていることになる。

少し距離をもって語り、より冷静に現実を語ることで、ちいちゃんが死んでいくことの事件性の大きさを、かえって強める効果がある。それは「空にきえました。」という死を直接示す表現を避け隠喩表現にしていることとも響き合う。隠喩表現にすることで、生々しさを避けている。それがかえってちいちゃんの死という現実の厳しさ・冷酷さを際立たせている。提喩そして隠喩の相乗作用により、婉曲の向こうにある厳しい現実を読者が自ら想像しにいくことを促す。その落差に読者はより大きな衝撃を受ける。

レトリックを分析することで作品の秘密が見えてくる

(8) 教材研究力を高める方法8　どこにこそこだわるか

ロジック・レトリックや仕掛けを捉えるといっても、まずは具体的に文章や作品のどこに着目するのかということが重要になる。文章や作品の「鍵」となる部分である。経験や勘に頼るだけではすぐに限界が来る。着目の方法を知り生かす必要がある。それは本稿の（2）～（7）そして（9）の方法と関わる。文章や作品の特徴を意識した方法である。

物語・小説では、「鍵」に着目する際に次の方法が有効である。[17]

① 導入部では人物設定、時と場の設定、先行事件の設定、語り手設定などが読める部分に着目する。

② 展開部・山場では、事件が大きく発展する箇所、それに伴い人物像が顕在化する箇所または人物像が変容する箇所に着目する。

③ 技法（隠喩、直喩、換喩、提喩、声喩、倒置、体言止め、象徴など）が使われている箇所に着目する。

④ 右の①〜③いずれについても、クライマックスにつながる伏線となる箇所に着目する。

物語「スイミー」（レオ・レオニ）（谷川俊太郎訳）の導入部の次の人物設定は、是非着目すべき一文である。[18]

みんな　赤いのに、一ぴきだけは、からす貝よりもまっくろ。

導入部の重要な人物設定である。「スイミーはくろかった。」とだけ紹介してもよいのに、七つの技法を使い重層的に黒さを強調している。何よりこの一文は、作品のクライマックスの伏線として後で大きな意味をもつ。

説明的文章の「鍵」は、中心的な文である柱の文に含まれることが多い。論説型の場合、仮説にあたる文とその論証の核となる文が鍵となる。説明型の場合、柱の文とそれを支える核となる文が鍵となる。さらにそれら柱の文の中の柱の言葉（キーワード）に着目していく。

着目すべき語句・文・表現を見つけ出す方法を知る

(9) 教材研究力を高める方法9　評価的・批判的に読む

文章・作品を批判的・評価的に捉えることで教材研究がより立体的になる。これまで説明的文章にしても文学的文章にしても、教科書に示されている教材は完璧で優れているという見方が暗黙の前提として存在していた。それだと、文章・作品の不十分さが見えないだけでなく、本当のよさも見えてこない。批判的・評価的な読みの喪失が、教材研究の限界を作り出していた。批判的・評価的に教材研究をしていくと、見えていなかった教材の別の側面が見えてくる。

次は中2の論説文「ガイアの知性」（龍村仁）である。[19]筆者は序論で次のように述べる。

6　①大脳新皮質の大きさとその複雑さからみて、鯨と象と人はほぼ対等の精神活動ができる、と考えられる。②すなわち、この三種は、地球上で最も高度に進化した「知性」をもった存在だ、ということができる。③実際、この三種の誕生からの成長過程はほぼ同じで、あらゆる動物の中で最も遅い。④一歳は一歳、二歳は二歳、十五、六歳でほぼ一人前になり、寿命も六、七十歳から長寿のもので百歳まで生きる。⑤本能だけで生きるのではなく、年長者から生きるためのさまざまな知恵を学ぶために、これだけゆっくりと成長するのだろう。

①文で「大脳新皮質の大きさ」が鯨と象と人とが同じであることと、「複雑さ」がほぼ同じであることから「ほぼ対等の精神活動ができる」と述べる。しかし、大きい・小さいは何を根拠にしているのか。大きさの絶対値なのか、それともその動物の容積に対する比率が大きいということなのか。不明である。

また、そのいずれの場合であっても、「大脳新皮質の大きさ」がほぼ同じであることが、「ほぼ対等の精神活動ができる」根拠になるとはとうてい思えない。「大きさ」も全く無関係ということはないだろうが、それがそのまま「対等の精神活動」の根拠とはなりえない。

そうなるともう一つの「複雑さ」が問題となる。ところが、この「複雑さ」の内実が全く書かれていない。大脳新皮質の「複雑さ」の度合いはそもそもどう測定するのか。それにも全く触れていない。

③文～⑤文では、鯨と象と人が同様に「成長過程」が遅いこと、寿命が長いことを挙げている。そして、それは「年長者から生きるためのさまざまな知恵を学ぶため」としている。「実際に」と③文で言っている以上、それらが鯨と象と人が「ほぼ対等の精神活動ができる」根拠の一つとして述べているように読める。しかし、これも根拠になっていない。まず「成長過程」が遅いことと、寿命が長いことが、「精神活動」の質にかかわるという証拠はどこにもない。次に「年長者から生きるためのさまざまな知恵を学ぶため」も、実際どういう学びがあるのかが示されていない以上、根拠にはならない。それが他の動物と決定的に違うという指摘も証拠も全くない。

鯨と象と人とが「ほぼ同等の精神活動ができる」と

いう自分の見解には信憑性がありますよということを、不完全な「事実」で述べただけの無理な強弁である。

物語・小説も「太宰治が書いた作品だから優れているに違いない」という前提で教材研究を進めることが多い。しかし、それでは教材研究は甘くなる。「走れメロス」でも「メロスに共感できない」という見方もある。なぜ共感できないかを本文に戻り探ると意外な発見がある。

もちろん説明的文章でも文学的文章でも、優れている点をメタ的に評価していくことも重要である。

文章・作品を批判的・評価的な観点で教材研究することで文章や作品の仕掛けがさらに立体的に見えてくる。

評価・批判で文章や作品の深層にさらに迫る

(10) 教材研究力を高める方法10　共同研究でこそ高まる

最後に教材研究を継続的に高めていくための研究の在り方について考える。

教師一人一人が教材研究の方法を獲得しながら教材研究力を高めていくことは、是非必要である。専門職として必須の要素である。ただそのためには一人で研究を進めると同時に、教師が共同で教材研究を進めることが大きな鍵となる。複数の教師で教材を検討することで、相互に新しい教材の見方を共有できる。多角的検討が進む。見方の相違を論議することで新しい発見もある。

複数で共同検討した後に、それぞれの教師の自己内対話が始まる。それぞれの教師が教材研究をより深めることを促す。それが次の共同研究の質の高まりにつながる。

共同研究は、全国規模の大人数によるものもあるが、同時に二人・三人の小規模なものもある。学校の中での教科や学年などの共同研究もあれば、学校を越えたものもある。対面での共同研究もあれば、Zoomによるものもある。メールやSNSを活用したものもある。また、これらを組み合わせたかたちもある。さまざまなかたちでさまざまなチャンネルで進めていけばいい。

優れた教材研究が実現している背景には、必ず何らかの共同研究がある。

＊

教師どうしの共同研究こそ教材研究力向上の秘訣

新しい学力観が提案され新しい教育方法が提唱されている今こそ、国語科の教材研究の在り方を大きく見直す必要がある。大学教員養成課程、教育委員会研修、校内研修、民間教育研究、各々の教師の研究などさまざまな角度からの検討が求められる。それをしないと形だけの「対話」、名ばかりの「深い学び」が増え続ける。「言葉による見方・考え方」など育てられるはずもない。

注

（1）三つの枠組みは、読み研が提唱している説明的文章の指導過程「構造よみ→論理よみ→吟味よみ」そして物語・小説の指導過程「構造よみ→形象よみ→吟味よみ」と重なる部分がある。教科内容の三つの枠組みとも重なる。言うまでもなく指導過程・教科内容と教材研究の方法は同一ではない。ただ、これらの指導過程・教科内容は子どもに文章や作品を深く読む力をつけるためのものである。言語の認識という点で教師の教材研究の方法と重なる部分があるのは当然ともいえる。これらは同一でないことをお断りした上で共通要素があることを指摘しておく。

（2）小学校国語教科書『国語六』二〇二〇年、光村図書

（3）小学校国語教科書『国語四下』二〇二〇年、光村図書

（4）フェルディナン・ド・ソシュール（小林英夫訳）『一般言語学講義』一九七二年（改版）、一六八頁【Ferdinand de Saussure "COUR DE LINGUISTIQUE GENERALE" 1949】

（5）池上嘉彦『意味論』一九七五年、大修館書店、八六頁および九二頁

（6）前掲書（3）

（7）中学校国語教科書『国語2』二〇二一年、光村図書

（8）小学校国語教科書『小学校国語五年下』一九八一年、学校図書

（9）ＯＥＣＤ・ＰＩＳＡ読解力問題「警察の科学的な武器」、二〇〇〇年

（10）小学校国語教科書『国語三下』二〇二〇年、光村図書および前掲書（2）

（11）前掲書（10）の前者

（12）前掲書（3）

（13）高等学校教科書『精選国語総合・改訂版』二〇二〇年、三省堂

（14）前掲書（2）

（15）前掲書（10）の前者

（16）阿部昇『増補改訂版 国語力をつける物語・小説の「読み」の授業』二〇二〇年、明治図書の第四章を参照。

（17）詳細は前掲書（16）の第一章～第五章を参照。

（18）小学校国語教科書『こくご二上』二〇二〇年、光村図書

（19）中学校国語教科書『伝え合う言葉 中学国語2』二〇二一年、教育出版

【「対話的で深い学び」を生み出す物語・小説の教材研究力】

2 「対話的で深い学び」を生み出す物語・小説の教材研究力：小学校編
——教材「ごんぎつね」（新美南吉）〈小4〉を使って

加藤　辰雄（元愛知県立大学非常勤講師）

1 はじめに

物語の教材研究では、物語を場面分けして場面ごとに教材研究することがあるが、それだと読みが深まらない。物語を教師自身がまずは構造的に把握することが教材研究では大切である。特に、クライマックスに着目することで、導入部や展開部・山場の伏線が見えてくる。それによって、物語の大きな仕掛けが明らかになり、さらには主題も見えてくる。これまでこういう観点が弱かった。

そこで、本稿では作品の構造の読みと作品の形象の読みに絞って物語の教材研究の深め方について考えていきたい。ここでは小4の教材「ごんぎつね」（新美南吉）を取り上げながら述べていく。

2 「ごんぎつね」の作品構造

物語の作品構造は、さまざまである。しかし、そうはいっても多くの物語に共通する「典型構造」があることも間違いない。その一つが「導入部―展開部―山場―終結部」の四部構造である。ただし、作品によっては終結部のない三部構造もある。

「ごんぎつね」は、その三部構造である。事件が始まる前の「前話」としての導入部があり、次いで事件が展開し始める展開部、事件が決定的な局面を迎える山場となる。そして、事件後半の山場にはクライマックスがある。「後話」にあたる終結部は、この作品にはない。

「ごんぎつね」の作品構造は次頁のとおりである。

本文は『国語四下』（二〇二〇年、光村図書）による。

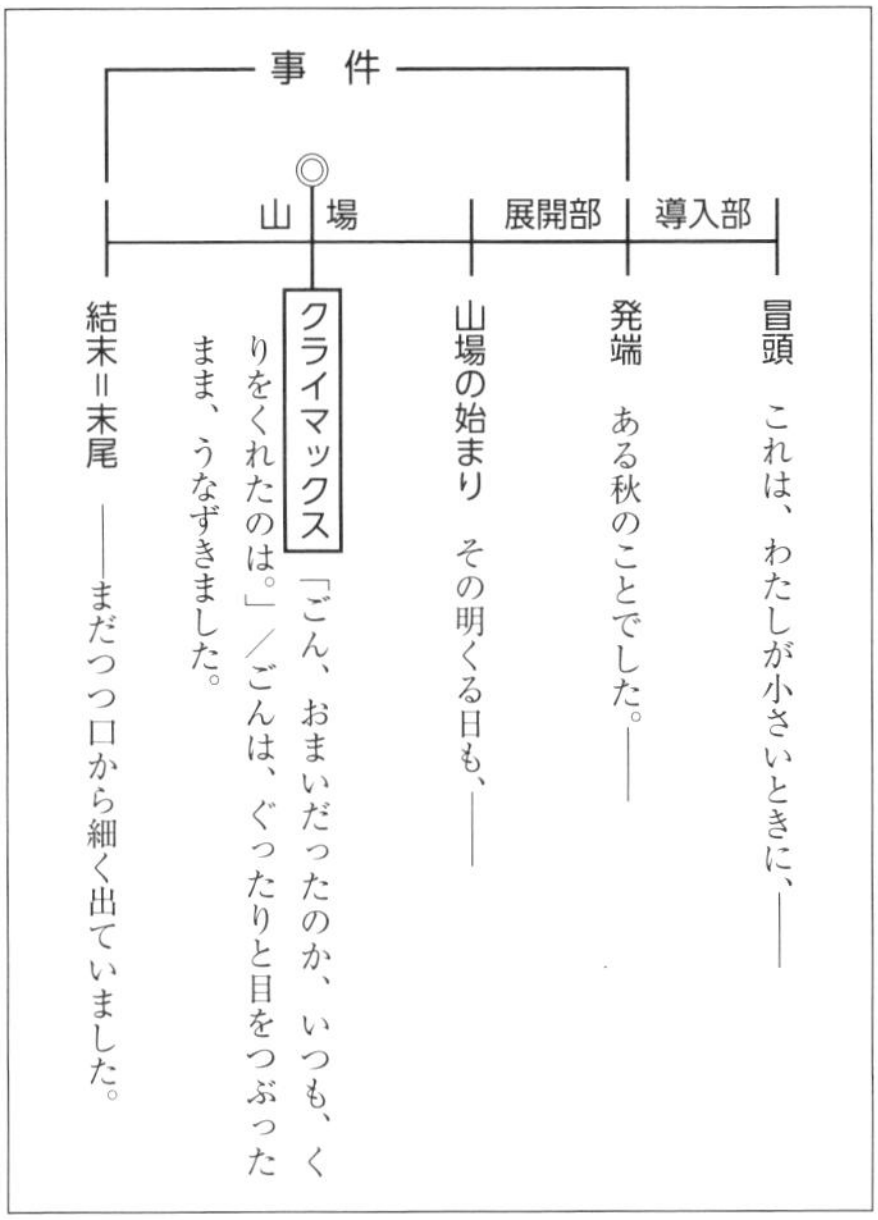

構造に着目すると、間違いなく教材研究が深くなる。まず「導入部―展開部―山場」といった大枠をつかむことで、どこが事件が始まる前の導入部（前話）かが見えてくる。そこでは人物・時・場などの設定が示される。それらの設定を、この後始まる事件を意識して読むことができる。また、どこから事件が始まるかがわかることで、その作品の主要な事件を大きく把握できる。そして、クライマックスを含む山場を意識することで、作品の伏線がどこに向かって仕掛けられているかが見えてくる。

「ごんぎつね」であれば、その導入部には「ひとりぼっちの小ぎつね」「いたずらばかりしました。」など重要な人物設定が示されている。山場は、兵十がごんを撃ち、その直後に「ごん、おまいだったのか」と気がつく箇所を含む部分だが、この作品がそこに向かって伏線を仕掛けていることが見える。

教材研究の「場面分けと場面読み」の呪縛から早く脱却し、「作品構造」の俯瞰的な読みに進む必要がある。

3 「ごんぎつね」のクライマックスに着目する

作品の構造的把握のポイントは、クライマックスにある。クライマックスは、作品の事件の最大転換点・結節点であり、読者に最も強くアピールする部分である。もちろんここで最も主題が顕在化する。また、クライマックスを意識することで、それに向かって仕掛けられている導入部・展開部・山場の伏線が自然と見えてくる。これが形象の読みの質を大きく変えていく。

教材研究の際にクライマックスに着目する際の指標は、次のとおりである。

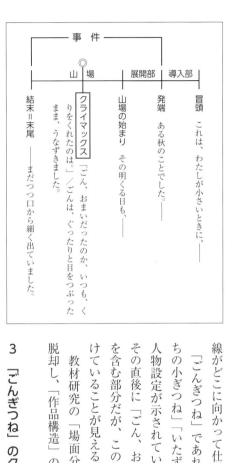

① 事件がいちばん大きく変化・確定するところ
② 描写性の高いところ（表現上の工夫もある）
③ 緊迫感・緊張感の高いところ

「ごんぎつね」でクライマックスの候補として子どもから多く出される部分を含むのは次である（傍線加藤）。


そのとき兵十は、ふと顔を上げました。と、きつねがうちの中へ入ったではありませんか。こないだ、うなぎをぬすみやがったあのごんぎつねめが、またいたずらをしに来たな。

「ようし。」

兵十は立ち上がって、なやにかけてある火縄じゅうを取って、火薬をつめました。そして、足音をしのばせて近よって、今、戸口を出ようとするごんを、ドンとうちました。

ごんは、ばたりとたおれました。

兵十はかけよってきました。うちの中を見ると、土間にくりが固めて置いてあるのが、目につきました。

「おや。」

と、兵十はびっくりして、ごんに目を落としました。

「ごん、おまいだったのか、いつも、くりをくれたのは。」

ごんは、ぐったりと目をつぶったまま、うなずきました。


この中でクライマックス候補となるのが、傍線を引いた次の二つの箇所である。

A　そして、足音をしのばせて近よって、今、戸口を出ようとするごんを、ドンとうちました。
ごんは、ばたりとたおれました。
B　「ごん、おまいだったのか、いつも、くりをくれたのは。」
ごんは、ぐったりと目をつぶったまま、うなずきました。


AもBも事件の大きな節目であり、事件の解決に向けての決定的場面である。

Aは主要人物の兵十が、もう一人の主要人物のごんを銃で撃つのだから決定的な場面ともいえる。また、Aは描写性も高い。Aの前の文は「兵十は立ち上がって、なやにかけてある火縄じゅうを取って、火薬をつめました。」となっている。「立ち上が」る、「火なわじゅうを取」る、「火薬をつめ」ると、描写の密度がそれなりに濃い。そして、「足音をしのばせ」る、「近よ」る、「ドンとう」つと描写が続く。さらに、Aは緊迫感・緊張感もある。「火薬をつめ」、「足音をしのばせて近よって」からは緊迫感・緊張感が伝わってくる。そして、「ドン」という音によって一層緊迫感・緊張感が高まる。

Bは「ぬすみやがった」「あのごんぎつねめ」と憎しみをもち続けていた兵十が、「ごん」「おまい」と人間のような呼び方をし、ごんがそれに応えてうなずき、二人の関係が大きく変化している。その意味でここも決定的な場面ともいえる。Bは描写性も高い。Bの少し前の文は、兵十がごんを撃った後、「かけよって」くる、「土間にくりがかためて置いてあるのが、目につ」く、『おや。』と、兵十はびっくり」する、「ごんに目を落と」すなどと、描写の密度が濃くなっている。そして、「ごん、おまいだったのか、いつも、くりをくれたのは。」と会話文になっていて、こちらも描写の密度が濃い。表現技法として、倒置法も使われていて、表現上の工夫がなされている。さらに、栗が固めて置いてあるのを見て、兵十は一瞬のうちに自分が誤解をしてしまい、過ちを犯してしまったことに気づくという緊迫感・緊張感がある。

AもBも、事件の転換という点で決定的ともいえる要素をもっている。描写性も高く、緊迫感・緊張感がある。だからこそ、これだけではクライマックスを決めることは難しい。クライマックスを決めるためには、作品の「主要な事件」とは何かを丁寧に俯瞰的に読む必要がある。

そこで、物語全体を振り返ってみることが必要となる。

作品の事件の重要な節目を探していくと「1」に気になる部分がある。ごんと兵十の出会いの直後である。兵十が魚をとっているのを見つけると、ごんは「ちょいと、いたずら」するつもりで魚を川へなげる。ごんとしては軽い気持ちでしたことで、それほどの悪事とは思っていない。しかし、兵十は「うわあ、ぬすっとぎつねめ。」と叫び、ごんが盗もうとしていると誤解する。ごんにとっては軽いいたずらだが、兵十はそれを盗みという悪事として捉えている。ここから、二人のすれ違い・誤解が始まる。

「2」の場面でごんは兵十の母親の葬式を見て「兵十のおっかあは、とこについていて、うなぎが食べたいと言ったにちがいない。」と勝手に思い込む。そして、「うなぎが食べたいと思いながら死んだんだろう。ちょっ、あんないたずらをしなけりゃよかった。」と後悔する。ここでごんの兵十に対する見方は大きく変化する。

「3」の場面でごんは兵十を見て、「おれと同じ、ひとりぼっちの兵十か。」と心の中でつぶやき、兵十の孤独に共感しはじめる。そして、つぐないを始める。これもごんの兵十に対する見方の大きな変化である。

しかし、兵十の方は相変わらずごんを「ぬすっとぎつね」と思い続けている。つまり、二人のすれ違い・誤解は一層広がることになっていく。

ごんは、つぐないに何度も兵十に物を届ける。まず、はじめに「兵十のうちのうら口から、うちの中へいわしを投げこ」む。次の日には、「入り口にくりを置いて」おく。「次の日も、その次の日も、ごんは、くりを拾っては兵十のうちへ持ってきて」やる。「その次の日には、くりばかりでなく、松たけも二、三本、持って」いく。ごんの兵十への思い・共感は強くなっていくが、兵十のごんに対する思いは「ぬすっとぎつね」のままである。

「4」「5」の場面で、ごんは兵十と加助の後ろをついていく。しかも、「兵十のかげぼうしをふみふみ」ついていく。危険を顧みずにかげぼうしを踏むまで接近している。ごんの兵十への思いの強さがわかる。

加助は、くりや松たけを持ってくるのは、「神様が、おまえがたった一人になったのをあわれに思わっしゃって、いろんな物をめぐんでくださるんだよ。」と兵十に言う。兵十は、「そうかなあ。」と言う。それを聞いたごんは、「へえ、こいつはつまらないな。」「おれがくりや松たけを持っていってやるのに、そのおれにはお礼を言わないで、神様にお礼を言うんじゃあ、おれは引き合わないなあ。」と自分の行為が兵十に伝わらないことを残念に思い、兵十とつながりたいという思いを一層強くする。ごんの兵十に対する思いがさらにだんだん強くなっていることがわかる。しかし、もちろんここでもその思いは兵十には全く伝わらずに、兵十のごんへの思いは「ぬすっとぎつね」のままである。

つまり、ここまで「ごんの兵十に対する見方」と「兵十のごんに対する見方」のズレが核となって事件が展開していることがわかる。

そして、「6」の場面の『「ごん、おまいだったのか、いつも、くりをくれたのは。」／ごんは、ぐったりと目をつぶったまま、うなずきました。』でやっとごんの行為とその思いが兵十に通じ、二人のすれ違い・誤解は解消される。こう読んでいくとBこそがこの作品の主要な事件の転換点としてのクライマックスということになる。主要な事件は「ごんの兵十に対する見方」と「兵十のごんに対する見方」のズレと解決ということである。

このようにクライマックスに着目することで、導入部や展開部・山場の伏線が見えてくる。それによって物語の構造が明らかになってくる。そして、右で着目した箇所（語句や文）こそが、重要な伏線ということになる。これらは、この後の形象よみで着目すべき「鍵」ということになる。

ごんが兵十をどう見ているかという観点で見ると、導入部の「ひとりぼっちの小ぎつね」は、ごんが「おれと同じ、ひとりぼっちの兵十か。」と共感する伏線になっている。また、「いたずらばかりしました。」は、ごんと兵十のすれ違い・誤解の伏線になっている。

このように、クライマックスに着目して、導入部や展開部・山場の伏線を見つけ、それによって物語の大きな仕掛けを明らかにする読みの方法は、「スイミー」「モチモチの木」「大造じいさんとガン」などでも同様である。たとえば、「スイミー」の導入部の「みんな赤いのに、いっぴきだけは、からす貝よりもまっくろ。」の「まっくろ」はクライマックス「ぼくが、目になろう。」の伏線になっていることが見えてくる。

> **物語の教材研究の観点―構造よみ**
> （1）「導入部・展開部・山場」などの典型構造を手がかりに物語の構造を俯瞰的に把握する。
> （2）それを通じて、導入部を意識できる。また、その後の事件を大きくつかむことができる。
> （3）クライマックスに着目すると「主要な事件」が明らかになり、導入部や展開部・山場の伏線が見えてくる。それにより物語の仕掛けや主題が見えてくる。

3 「ごんぎつね」の形象を読む

ここでは特に作品の「鍵」となる部分に着目しながら形象の読みを深めていく。その際に右の構造の読みが生きる。構造の読みで明らかにした伏線が、取り出して読むべき「鍵」となる。

（1） 導入部の形象

導入部は、事件が始まる前の設定が書かれている部分である。主に「人物」「時」「場」の設定に着目する。その中でも山場やクライマックスに特に強く関わる部分が「鍵」となる。設定としての「伏線」である。

「ごんぎつね」の導入部で「人物」設定の「鍵」とな

るのは、「ひとりぼっちの小ぎつね」と「いたずらばかりしました。」である。後者の「いたずら」の具体が示されている部分に着目することも重要である。ここでは「ひとりぼっちの小ぎつね」に絞って教材研究をする。

ひとりぼっちの小ぎつね

「ひとり」ではなく、「ひとりぼっち」と「ぼっち」がついているので、本来は「ひとり」でないのに、ごんは「ひとり」で親や兄弟や友だちがいなく、孤独でさみしい思いをしていることが読める。このことが展開部で兵十が一人になったあとのごんの兵十に対する見方につながる。すなわち、「おれと同じ、ひとりぼっちの兵十か。」という兵十への親しみ・共感へとつながる。この親しみ・共感がその後のごんの兵十へのつぐないの動機になる。「いわし」「くり」「くりや松たけ」と過剰とも思えるつぐないが繰り返される。兵十はごんのつぐないを「神様のしわざ」と誤解し、それをごんは「へえ、こいつはつまらないな。」と思う。それでもごんはつぐないを続ける。ここからは、ごんの兵十への求愛が見える。「ひとりぼっち」は、この物語全体にかかわる重要な伏線となっている。

(2) 展開部・山場の形象

展開部・山場では事件が動き出す。したがって、「事件が発展する文（箇所）」「人物が新しい側面を見せる文（箇所）」に着目する。ここでも特に山場やクライマックスに特に強く関わる部分が「鍵」となる。つまりは事件展開の「伏線」となる部分である。

「ごんぎつね」の展開部・山場では、取り出すべき文（箇所）は、構造の読みで着目したとおり多い。ここでは、次の四箇所に絞って教材研究を進めていく。

① 「ちょっ、あんないたずらをしなけりゃよかった。」

兵十の母親が死んだことを知ったごんは、自分のせいで兵十に母親とのつらい別れをさせてしまったと思い込み、後悔する。ここから村人に「いたずらばかりして」いるごんの人物像が大きく変化する。このつぶやきは、ごんの兵十への見方が変わっていくきっかけとなり、クライマックスにつながる。

② 「おれと同じ、ひとりぼっちの兵十か。」

導入部でごんの「ひとりぼっち」を読んだ。兵十も「おれと同じ、ひとりぼっち」なので、孤独でさみしい思いをしているとごんは見ている。ごんは、兵十の状況が自分と同じと見て、兵十への共感を深めている。ごんの人物像は「後悔」から「共感」へと大きく変化して、クライマックスにつながる。ここまでの共感がなければ、「6」で「その明くる日も」とごんが兵十を訪ねることはなかったかもしれない。

③と、きつねがうちの中へ入ったではありませんか。こないだ、うなぎをぬすみやがったあのごんぎつねめが、またいたずらをしに来たな。

「と、ごんぎつねが」ではなく「と、きつねが」と書かれている。「きつね」という呼称から兵十はごんのことを心がつながる対象ではなく、獣として見ていることがわかる。だから、この後に躊躇なくごんを銃で撃つ。「ぬすみやがった」の「やがった」と「ごんぎつねめ」の「め」からは、ごんの行為を許せないものとして見るだけでなく獣として冷たく見下げ憎しみをもっていることがわかる。兵十のごんに対する見方は「1」の場面の「ぬすっとぎつねめ」のままである。

④「ごん、おまいだったのか、いつも、くりをくれたのは。」

ごんは、ぐったりと目をつぶったまま、うなずきました。

兵十はごんを撃つまでは、ごんを獣としての「きつね」と捉え、「あのごんぎつねめ」と憎んでいたが、「くり」や「松たけ」を届ける行為がごんによるものであることに気づき、「ごん」「おまい」と人間のような扱い方に変わる。「兵十のごんに対する見方」が変わり、人物像の深化が読める。一方、ごんは初めて兵十から「ごん」「おまい」と呼ばれ、「うなず」く。「ごんの兵十に対する見方」は一層親密なものに変化している。ここには、二人のすれ違いがかなり解消して、「人間と獣」という関係から「人間と人間」のような関係、つながり合えない冷たい関係から親しく温かい関係に変化している。

物語の教材研究の観点―形象よみ

（1）導入部ではまず「人物」に着目する。その中でも山場・クライマックスに深く関わる部分が「鍵」となる。
（2）展開部・山場では「事件の発展」「新しい人物の性格」に着目する。その中でもクライマックスの伏線となる部分が重要な「鍵」となる。
（3）「鍵」を読み深める際もクライマックスを意識する。

参考文献

阿部昇『増補改訂版 国語力をつける物語・小説の「読み」の授業―「言葉による見方・考え方」を鍛えるあたらしい授業の提案』二〇二〇年、明治図書

【「対話的で深い学び」を生み出す物語・小説の教材研究力】

3　「対話的で深い学び」を生み出す物語・小説の教材研究力：中学校編

――教材「故郷」（魯迅 作　竹内好 訳）〈中3〉を使って

渡邊　絵里（福岡県久留米市立三潴中学校）

1　物語・小説の授業で「対話的で深い学び」を展開するには教師の深い教材研究が必須

物語・小説を読むときに思考力や想像力を養うためには、鋭く深く読むための「見方・考え方」の視点をもたせ、言葉を手掛かりにして論理的に思考させることが大切である。また、それを議論していくことによって作品の主題や価値が見えてくる。対話によって思考の広がりが生まれ、それが議論へとつながり、思考が深まり、より豊かな読みとなっていく。そして、そのように議論を生み、高次の国語力を身に付けさせていくためには、教師の深い教材研究が必要である。

本稿では中3の小説「故郷」（魯迅）（竹内好訳）を取り上げながら、小説の教材研究の深め方について考えていく。

2　物語・小説の作品構造を読む

物語・小説の教材研究では、まずは作品の大きな構造に着目することが効果的である。その後、作品の鍵となる語句や文を読み深める形象の分析、そして作品を再読しつつ行う吟味・評価に進む。

まずは作品構造の読みである。物語・小説は、人物の内面の変容を描くものと、人物相互の関係の変容を描き、同時に人物の内面が変容していくものとがある。そのような物語展開の軸となるものを「事件」と呼ぶ。その「事件」の流れを読むことにより、その作品の主題や面白さが明らかになっていく。特に、「クライマックス」について、「事件が大きく変化・確定する」「緊張感が高い」「描写性が高い」「主題に大きく関わる」といった指標をもとにして探し、書かれてあることを手掛かりにしながら議論する中で、その作品がどこに向かって展開しているのか、何を中心に描こうとしているのかが見えてくる。

「故郷」は、魯迅が一九二一年に雑誌『新青年』に発表し、その後一九二三年に魯迅の初めての短編小説集である『吶喊』に収められた。

かつて地主であったが今は没落してしまった生家を引き払うため、二十年ぶりに帰郷した「私」が、人々と再会し、母と甥のホンルと共に故郷を離れるまでの二週間ほどのできごととそれに伴う「私」の内面的な変容を描いた作品である。魯迅自身の経験をもとにした小説と言われており、語り手は「私」の一人称で、作品の中で「シュンちゃん」という呼び名が登場する。

「私」は帰郷してその風景や人々との出会いにより、「私」の中のかつての「美しい故郷」のイメージは崩れ、絶望へと向かっていく。特に、幼馴染であった「ルントウ」との再会の場面で彼から「旦那様」と呼ばれることで身分的な差や時間による心の隔たりを感じ絶望する。しかしながら、甥の「ホンル」と「ルントウ」の子の「シュイション」との関わりを目にし、故郷を離れる船の中で「希望」とは何か思索する、という話である。

その作品構造は次のようになる。(本稿で本文は『国語3』(二〇二一年、光村図書)のものを使用した。)

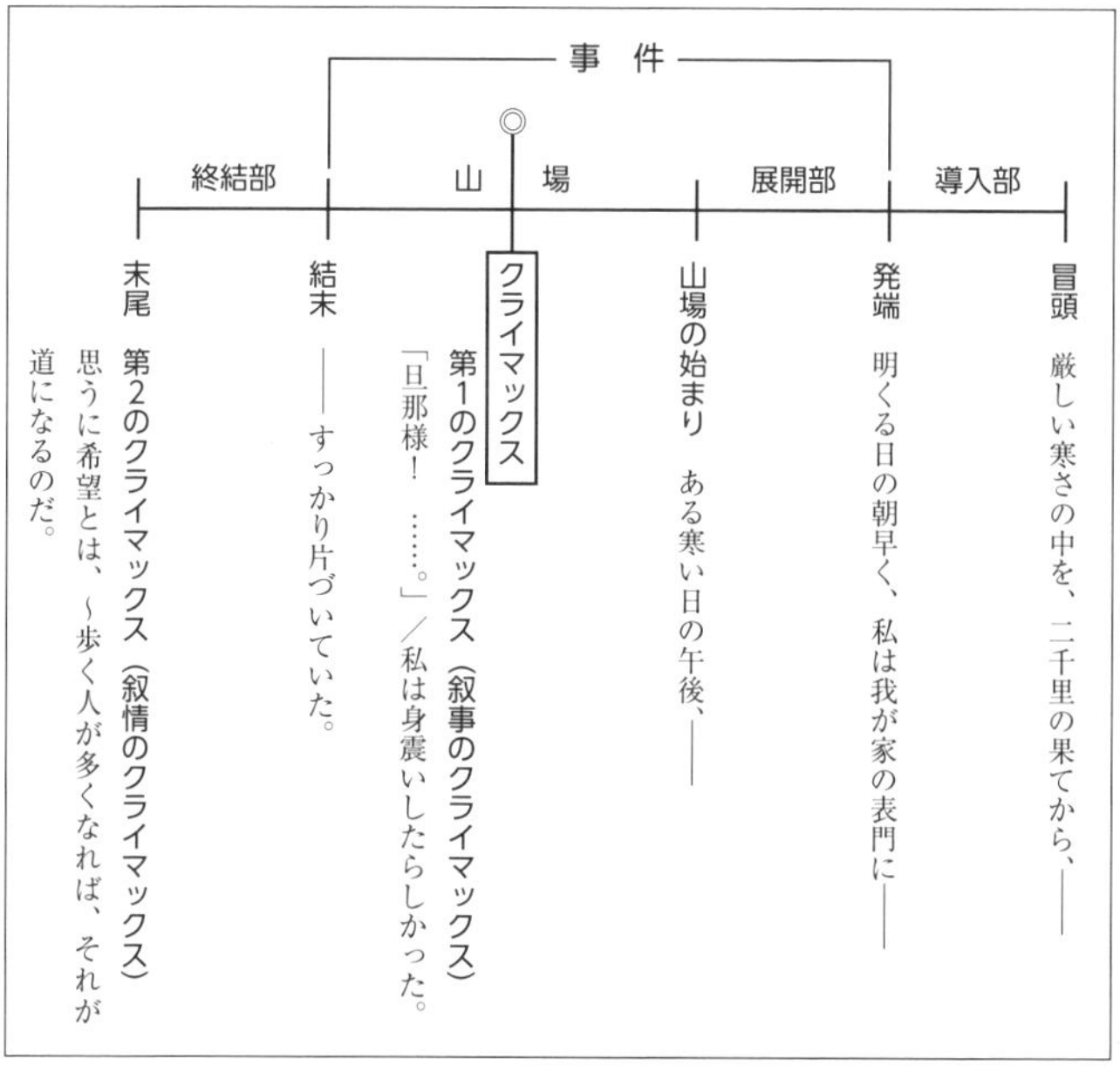

クライマックスは次の二つの傍線部が考えられる。

A　彼は突っ立ったままだった。喜びと寂しさの色が顔に現れた。唇が動いたが、声にはならなかった。最後に、うやうやしい態度に変わって、はっきりこう言った。
「旦那様！　……。」
私は身震いしたらしかった。

B　希望をいえば、彼らは新しい生活をもたなくてはならない。私たちの経験しなかった新しい生活を。
希望という考えが浮かんだので、私はどきっとした。（中略）今私のいう希望も、やはり手製の偶像にすぎぬのではないか。
（中略）
まどろみかけた私の目に、海辺の広い緑の砂地が浮かんでくる。その上の紺碧の空には、金色の丸い月が懸かっている。思うに希望とは、もともとあるものともいえぬし、ないものともいえない。それは地上の道のようなものである。もともと地上には道はない。歩く人が多くなれば、それが道になるのだ。

Aが事件（叙事）の上でのクライマックス、Bが「私」の思考（叙情）の上でのクライマックスである。事件の上でのクライマックスは「旦那様！　……。」という、二人の関係が破局する決定的なところである。しかし、主題を考えたときに、破局＝絶望がテーマかと考えると、そうとはいえない。その後の「私」の思考の中に「希望」という言葉が現れ始め、最後の「思うに希望とは、……」という「私」の最終的にたどり着いた考えが述べられるが、ここは少なくとも絶望ではない。

「ごんぎつね」や「少年の日の思い出」など多くの作品では叙事の上でのクライマックスと叙情の上でのクライマックスは一致するものであるが、「走れメロス」もこの「故郷」のようにクライマックスが分離している。

物語・小説の教材研究の観点─作品構造

（1）「導入部・展開部・山場・終結部」などの典型構造を手がかりに小説の構造を俯瞰的に把握する。
（2）その際に展開部・山場に該当する「事件」の流れに着目する。事件とは作品展開の軸となる要素である。
（3）山場のクライマックスに注目する。その際「事件が大きく変化・確定」「緊張感が高い」「描写性が高い」「主題に大きく関わる」という指標をもとに着目する。
（4）小説は、人物の内面の変容を描く要素、人物相互の関係の変容を描く要素がともにある。そのため作品によっては二つのクライマックスが読みとれることがある（「走れメロス」「故郷」など）。

3　物語・小説の形象の読み

作品構造で着目した「事件」の流れが、形象の読みで生かされる。形象を読む際には、読むべき「鍵」への着目が重要だが、その箇所を検討するときに、作品は事件の最大の節目であるクライマックスに向けて書かれている・仕掛けられているのだという観点をもつことが有効である。それによりなぜ導入部でその人物設定がされているのか、なぜあえて展開部と山場の部で似たような描写が出てくるのか、ということが見えてくる。その結果、読むべき「鍵」の箇所が浮かび上がってくる。

ここでは二つのクライマックスの読みに加え、叙情の上でのクライマックスにつながる形象に着目する。クライマックス自体を読むことはもちろんだが、それに至る部分を丁寧に読むことが大切である。

「故郷」では、「紺碧の空」「金色の丸い月」という象徴的な描写が二回出てくることに着目する必要がある。二回目の方は、その描写の直後に「思うに希望とは、……」と叙情の上でのクライマックス、すなわち「私」の「希望」に対する最終的な考えが述べられる。ここには、この風景が象徴する「希望」を読むことができる。

(1) 第一のクライマックスを読む。

次が第一のクライマックスである。

> 「旦那様！ ……。」／私は身震いしたらしかった。悲しむべき厚い壁が、二人の間を隔ててしまったのを感じた。

大きな破局である。発端は「ある日……」だが、そのときのルントウは、「艶のいい丸顔で、……きらきら光る銀の首輪を……」と見た目にもプラスイメージで回想され、その内面についても「ルントウの心は神秘の宝庫」と語られる。その回想について「電光のように一挙によみがえり、私はやっと美しい故郷を見た思いがした。」とあるとおり、ルントウとの思い出は、「私」にとって美しい故郷の象徴であることがわかる。母の話ではルントウも「しきりに会いたがっていた」とあるので、互いに対する思いは非常に強いことがうかがえる。それが、クライマックスで大きな破局に向かう。

再会したとき、まずルントウの風貌について、「昔の艶のいい丸顔は、今では黄ばんだ色に変わり、しかも深いしわが……」と、回想とは対照的に描かれる。語り手の「私」の失望がすでに始まっていることがわかる。しかしながら、「感激で胸がいっぱいになり」と、声をかけようとするも、「私」は、「どう口をきいたものやら思案がつかぬまま」「何かでせき止められたように、頭の中を駆け巡るだけで、口からは出なかった。」とあるように、うまく感激を言葉に表せなかったことがわかる。

また一方でルントウも、「喜びと寂しさの色が顔に現れ」「唇が動いたが、声にはならなかった。」「最後に、うやうやしい態度に変わって、はっきりこう言った。」と、ここまでにどれぐらいの時間があったのかはわからないが、彼も心の中をどう表現したらよいのか迷いがあった。

「旦那様！……。」は、二人の間に身分の差があること、そしてそれは主従の関係であること、さらに昔と同じ関係ではなくなったことを示す言葉である。「私は身震いしたらしかった。」からは、自分が身震いした、つまり衝撃を受けたことの認識が後からやってくるほどにその衝撃が大きかったことがうかがえる。そして、その後には「悲しむべき厚い壁が、二人の間を隔ててしまったのを感じた。」と「私」は語る。「悲しむべき厚い壁」は、「旦那様」というルントウの自分への呼びかけから感じた身分の差でも、また時間的空間的なこれまでの隔たりでもあるだろうが、それが原因となり、もう二人が昔のようには心を通わせることができなくなったという心理的な隔たりでもあろう。その後のルントウの描写では、その境遇が彼を疲弊させ「でくのぼうみたいな人間」にしてしまったと語られる。「私」にとって、ルントウとの破局は「美しい故郷」という希望が絶望に転じたということであるが、この話は「絶望」の話ではない。実際にクライマックスの議論をするときには必ずここが問題になる。絶望はしているが、それでは終わらず、この後「希望」に向けての話が私の内面の描写によって語られる。そこが第二のクライマックスとなる。

（2）第二のクライマックスの形象を読む

次が第二のクライマックスである。

> 思うに希望とは、もともとあるものともいえぬし、ないものともいえない。それは地上の道のようなものである。もともと地上には道はない。歩く人が多くなれば、それが道になるのだ。

故郷をあとにするとき、ホンルとシュイションがかつての自分とルントウとのように心が通い合っていることを知り、「私」は船の中で思索にふける。「せめて彼らだけは、私と違って、互いに隔絶することのないように……」と考え、彼らのこれからについて「希望をいえば、彼らは新しい生活をもたなくてはならない。私たちの経験しなかった新しい生活を。」と語る。しかし、そこで「私」は、それはルントウの望んだ香炉と燭台と変わらない、「手製の偶像」を崇拝しているにすぎないのではないかという思いに至る。そして、まどろみの中で、あの紺碧の空に丸い月の懸かる風景を思い浮かべながら、「思うに希望とは……」と最終的な考えに至る。「希望」を「地上の道のようなもの」であり、「歩く人が多くなれば、それが道になる」と言っている。人がたくさん歩き、道を踏みしめることによって自然にできるものという意味である。「道をつくる」のではなく「道になる」という言い方には、意志的なものというよりは、自然とそのようになっていくものであること、言い換えれば、社会は、多くの人が同じ方向を向き進んでいくことによって出来あがっていくものであるという考え方が読みとれる。多くの人が「新しい生活」に向かって進んでいけば、そのような社会をつくっていける、すなわち希望はある、とも読める一方で、そうではない方向へ多くの人が進んでいけばまたそのような社会になる、という絶望に向かう可能性も否定していない。社会は多くの人がどのような方向を見て進んでいくか次第だということである。

(3) 「紺碧の空」「金色の丸い月」という情景描写の比較

次は、展開部と終結部、それぞれの描写である。

> 紺碧の空に、金色の丸い月が懸かっている。その下は海辺の砂地で、見渡すかぎり緑のすいかが植わっている。その真ん中に、十一、二歳の少年が、銀の首輪をつるし、鉄の刺叉を手にして立っている。（展開部）
>
> まどろみかけた私の目に、海辺の広い緑の砂地が浮かんでくる。その上の紺碧の空には、金色の丸い月が懸かっている。（終結部）

クライマックスの直前にある描写が、展開部の回想部分にも描かれている。景色そのものは事件展開とは直接には関係しないが、この景色には「私」の故郷に対する見方が含まれる。これは象徴表現というレトリックである。

二つはたいへん似ているが、いくつかの違いもある。まず、初めの描写にはルントウの姿が風景の真ん中に描かれるが、終わりの描写にはルントウの姿がない。また、初めの描写は実際に見た風景の回想であるが、終わりの方は「まどろみかけた私の目に」浮かんできた風景である。さらに、初めの描写は紺碧の空から海辺の砂地へと視線が上から下へ降りていくのに対し、終わりの描写は緑の砂地から紺碧の空に懸かる金色の丸い月へと視線が上がっていく。この美しい風景は、「私」にとっての「希望」であるが、最初の方はその希望を過去の故郷の風景とルントウの姿に求めていたのに対し、最後の方では未来の方へと視線が向いていることを象徴している。

> **物語・小説の教材研究の観点―作品形象**
> (1)「鍵」となる部分を取り出す際に、読みとった構造の中で特にクライマックスを意識する。形象はクライマックスに向けて仕掛けられている。
> (2)象徴的な表現、また繰り返される表現などレトリックに着目しながら鍵を取り出し読み深める。
> (3)表現の差異性にこだわりながら、取り出した鍵を読み深める(「道をつくる」と「道になる」との差異を比べるなど)。

4 作品の吟味

構造と形象の読みを総合しながら作品の主題を捉える。その上で、再度文章を振り返って、物語・小説について評価する読みは重要である。

ここでは終結部の第二のクライマックスに至る「私」の思考について考えてみる。「私」は、故郷をあとにする船の中で、希望について様々に思索する。若い世代に「新しい生活」を望みながら、それは「偶像崇拝」ではないかと思いなおし、最後には「希望とは、もともとあるものともいえぬし、ないものともいえない。……歩く人が多くなれば、それが道になるのだ。」という考えに至る。

「私」を優柔不断な人物と読むこともできるが、現実を熟知している「私」が「新しい生活」を単純に望むことも、「偶像崇拝」だと否定して絶望することもできないことの積極的意味を読む必要がある。その上で人が自ら歩いて道を作ることが理想の社会を築くことになると述べ終わる。ここで「なぜこの作品は『新しい生活を。』で終わらなかったのか。また「なぜこの作品は『私のいう希望も、手製の偶像にすぎぬ』で終わらなかったのか」を考えることは吟味として重要である。

そして、それを検討した後に、実際の魯迅の思想と関わらせることもできる。小説はフィクションである。しかし、主人公の「私」と「魯迅」とはかなり重なる。

魯迅は同じく『吶喊』の「自序」でこう述べている。[1]

《かりにだね、鉄の部屋があるとするよ。窓はひとつもないし、こわすことも絶対にできんのだ。なかには熟睡している人間がおおぜいいる。まもなく窒息死してしまうだろう。だが昏睡状態で死へ移行するのだから、死の悲哀は感じないんだ。いま、大声を出して、まだ多少意識のある数人を起こしたとすると、この不幸な少数のものに、どうせ助かりっこない臨終の苦しみを与えることになるが、それでも気の毒と思わんかね》

《しかし、数人が起きたとすれば、その鉄の部屋をこわす希望が、絶対にないとは言えんじゃないか》

これに続けて魯迅は「希望は将来にあるものゆえ、絶対にないという私の証拠で、ありうるというかれの説を論破することは不可能なのだ。」と述べる。それゆえペンを執ることにしたのだという。

最後の思索はフィクションではあるが、読み手に対する作者の訴えともなっている。ペンの力で社会を変えようとした魯迅の意図も読みとれる。

まず作品を丁寧に読み深める。その上で作者（作家）の思想と関わらせることは作品吟味の一つの在り方である。

＊

物語・小説の作品には、さまざまな伏線がクライマックスに向けて仕掛けられている。物語・小説をクライマックスを意識させつつ論理的に読むことで生まれる「だからそうなのか！」という発見の喜びを子どもたちに味合わせたい。そのためには深い教材研究が必要である。

注

（1）魯迅（竹内好訳）『阿Q正伝・狂人日記　他十二篇　吶喊』一九五一年、岩波文庫、一二～一三頁

参考文献

阿部昇『増補改訂版 国語力をつける物語・小説の「読み」の授業』二〇二〇年、明治図書

阿部昇『物語・小説「読み」の授業のための教材研究』二〇一九年、明治図書

杉山明信「「故郷」（魯迅）の教材研究と授業づくり」科学的『読み』の授業研究会編『国語授業の改革7』二〇〇七年、学文社

【「対話的で深い学び」を生み出す物語・小説の教材研究力】

4 「対話的で深い学び」を生み出す物語・小説の教材研究力：高校編
――教材「舞姫」（森鷗外）〈高3〉を使って

竹田 博雄（大阪府・高槻中学校高等学校）

1 小説の定番教材の教材研究をするときの姿勢

高等学校の学習指導要領が改訂され今年度から必修科目が「国語総合」に代わって「現代の国語」と「言語文化」に変更された。次年度からは「現代文B」が「論理国語」「文学国語」へ、「古典B」が「古典研究」へと改変される予定で、現在、その見本が各高校へ続々と届けられている。

「舞姫」も「文学国語」の中の小説教材として全社の採用となっている。古くは「現代国語」、近年では「現代文」「現代文B」へと移行した科目編成の変遷に揉まれながらも、「山月記」や「こころ」などと並んで高校で習う小説として定着した教材である。

ただ、それだけに先行研究も豊富に存在し、作品研究は し尽くされた感も漂う作品である。

しかし、そのような捉え方が妥当なものかどうかは慎重であるべきである。教員の教材研究力を緩く鈍らせてしまうことになる場合があるからである。多くの研究成果の存在が、教材研究への油断を生んでしまうのである。一定の解釈や評価が定着していると目される定番教材であっても、虚心に、初見の作品に臨むような心持ちで向き合うことが、教材研究の力をより高めていくための前提となる。以前やったからといってもうやらないのではなく、扱うたびごとに、構造、形象、吟味という読みの過程をもう一度踏み、都度、自分の読みをアップデートしていくことが教材研究力を鍛えることにつながるのである。

小説の教材研究では、まず作品の構造に着目する。「導入部・展開部・山場・終結部」という観点から構造を読み、同時に山場の中のクライマックスがどこかを追究していく。その上で導入部→展開部→山場→終結部と、その中の鍵となる箇所（語句や文）に着目しつつ、それらの形象を読み深めていく。最後にそれらの読みを再読するかたちで作品の吟味を行う。

今回は、「舞姫」（森鷗外）[1]を例に小説の教材研究の方法について考えていく。まず構造よみについて簡単に述べた上で、形象よみ、それも導入部の教材研究について詳しく考えたい。最後に作品の吟味について取り上げる。

2 「舞姫」の作品構造

「舞姫」は太田豊太郎の船中手記という形で、彼が過去を回想する物語である。過去と現在の二つの時制が存在する。この「時の二重構造」が構造上の特徴である。

「舞姫」はどんな物語か？　エリスが人事不省に陥った話ではない。豊太郎が、そうなってしまったエリスを置いて日本に帰った話である。そうすると、一見、豊太郎が天方伯に帰国を承諾したところがクライマックスのようにも思えるがそうではない。エリスがそのことをまだ知らないからである。相沢から真実を告げられたエリスが「かくまでに我をば……」と罵り倒れるところがクライマックスである。この瞬間、エリスと別れてでも国や家を背負い立身出世を果たしていかざるを得ない、封建的立場を捨てられない豊太郎が決定づけられたのである。

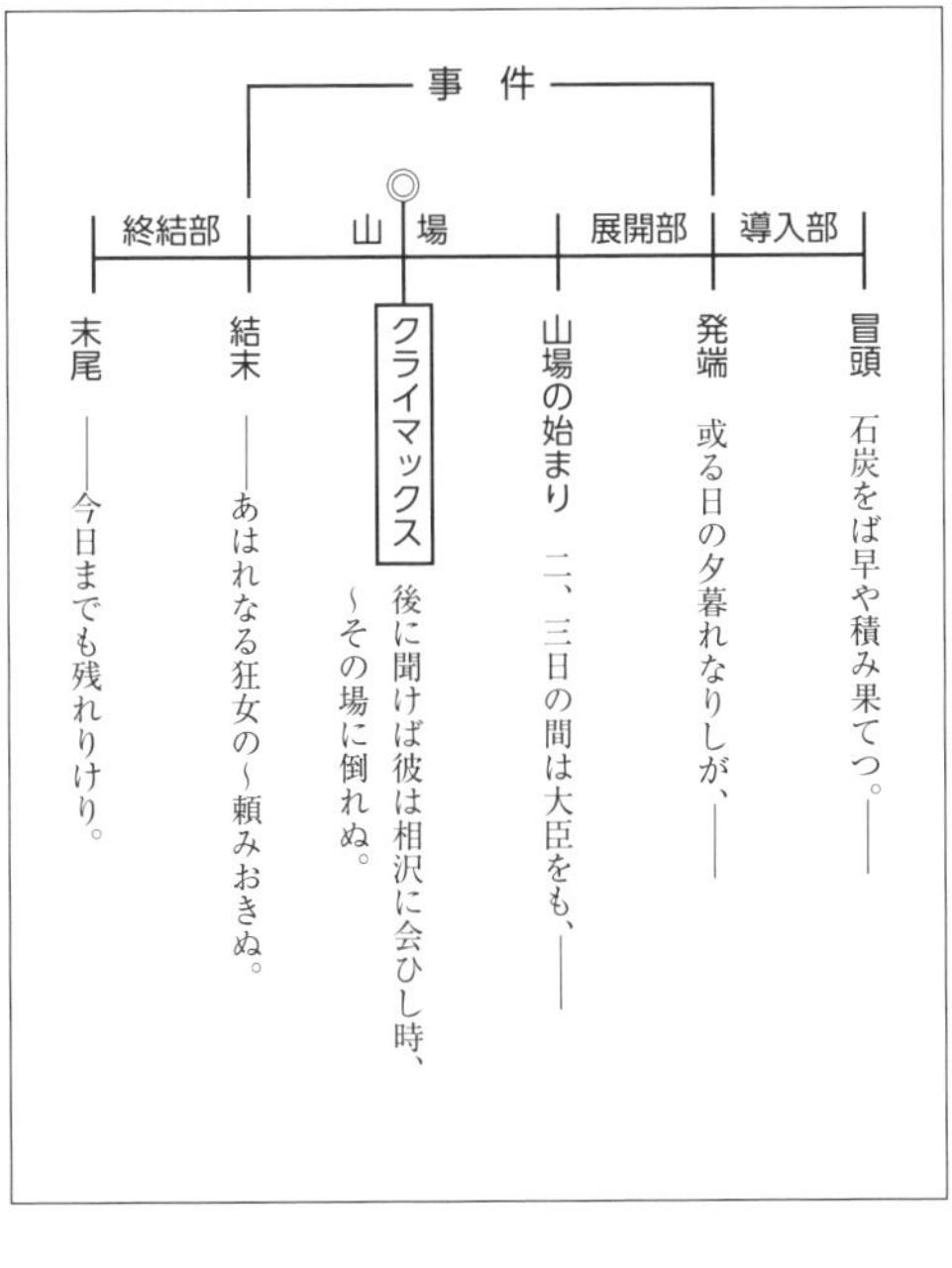

3　小説の導入部では何を読むのか

導入部は、小説の事件が始まる前の冒頭から発端までの一まとまりの部分のことである。ここで、小説世界の「人物」設定が示される。同時に「時」や事件の展開していく「場」の設定が示される。だから、小説の導入部の教材研究で、「人物」そして「時」「場」の設定を重要な観点として読んでいく。

「人物・時・場」は、展開部以降の事件の背景が示されているともいえる。同時に、これから起こる事件の伏線でもある。教材研究の際には、ただ「人物・時・場」を読むのではなく、導入部の中でも鍵となるより重要な箇所を取り出していくことが重要である。その取り出し基準は、構造の読みですでに読んだクライマックスにとって伏線としてより大きな意味をもつ箇所、また技法など特別な表現を使っている箇所などに着目する。

「人物」については、まず人物の名前に着目することが有効である。また、性別や年齢、性格や来歴など設定としての人物像がどう示されているかを読む。

「時」については、時間・時刻だけでなく時代という大きな捉え方が有効な場合もある。時代→季節→年月日→時間帯→時刻と、大きくつかめるものから細部の「時」までを読むようにする。

「場」も、国や地方という大きなものから、地域や具体的な場所名へと、これも読めるものを読んでいく。

これら三つの観点から形象を読む際には、それらが展開部以降の事件展開にどう関わりをもつのかを意識して読むことが欠かせない。鍵を取り出す際も、取り出した部分の形象を読んでいく際も、展開部・山場の事件展開そしてクライマックスを意識することが重要である。

> **小説の教材研究の観点―形象よみ・その1**
> （1）導入部では、「人物」「時」「場」に着目する。
> （2）「人物」「時」「場」が読める本文該当箇所のうち特に重要な鍵となる部分に絞る。
> （3）鍵に絞る際の手がかりは次の二点である。
> ①クライマックスにとって伏線としてより大きな意味をもつ箇所はどれなのか。
> ②技法など特別な表現を使っている箇所はどれか。
> （4）取り出した鍵の形象を読む際には、展開部・山場の事件展開、そしてクライマックスを意識する。

4 「舞姫」（森鷗外）の導入部を読む

以下は「舞姫」の導入部の冒頭部である。

> 石炭をばはや積み果てつ。中等室の卓（つくえ）のほとりはいと静かにて、熾熱灯の光の晴れがましきもいたづらなり。今宵は夜ごとにここに集ひ来る骨牌仲間もホテルに宿りて、船に残れるは余一人のみなれば。

まず、予め指摘しておきたいのは「語り手」についてである。たとえば、「羅生門」などはいわゆる三人称視点の語り手が、小説全体を俯瞰しての語りとなっている。それに対して「舞姫」の語り手は、太田豊太郎である。「余」という一人称の語りである。「舞姫」の主要な「人物」は「余」と「エリス」だが、「舞姫」の登場人物はすべて豊太郎の眼をとおして語られる人物である。ということはエリスはもちろん、「余」の人物像も、「余」自身が自ら語る語りをとおして読みとっていくことになる。

では、この数行からどう人物を読みとっていけばよいのか。

まず「時」「場」はすでに書かれている。時は「今宵」、場は「船」の「中等室」の中である。

この部屋に「余」は一人でいる。一人でいる「余」は石炭が「はや」積み終わってしまったことを知る。ここでは、部屋の窓から見ていようが、石炭を積み込む作業の音を聞いていようが、「余」には、石炭が積み終わってしまったことが「気になっている」ということを読むべきである。

当時の船の動力源である石炭を積む作業には、一定以上の時間がかかっていたはずである。それを「はや」というのであるから、この「はや」は「早くも」というより、「（長い時間をかけて運ばれていた）石炭もとうとう積み終わってしまった。（明日には出航してしまう。）」という意味に近い。ということは、この「余」は、ひょっとすると出航を積極的には望んではいないかもしれないと読めてくる。

毎晩やってくる「骨牌仲間」は、今日は「ホテルに宿」を取って下船している。なぜだろうか。燃料の石炭が積み終わった状況を考え合わせると、恐らく夜が明けたら出航である。停泊する最後の夜ということだ。本来であれば、みんな下船するのが普通である。明日からはまた長い船旅になるのだから。最後の夜を現地（セイゴン）の陸のホテルで楽しく過ごそうとするのが当然の選択である。だから「船に残れるは余一人のみ」となるのである。このように「余」は、本来みんなが望むこととは反対の様子を示す。

なぜなのだろうか。ちょっとした謎である。「燃料補給も済んだ。明日はいよいよ出航だ。はやく帰りたい。今夜は出航前の最後の夜だ。陸のホテルでみんなと一緒に楽しもう。」これが船旅の乗客のごく標準的な心持ちのはずである。「余」はその正反対の行動をとっている。つまり「余」は出航するのが嫌、そうでなければ、出航してしまうことに焦っているのだ。そして今、一人で船にいる。

展開部を見ると、この船には豊太郎の他に、天方伯や相沢謙吉も乗っている可能性が高い。二人は、豊太郎に便宜を図ってくれた恩人だが、同時にエリスをドイツに残してくることを決断させることになった人物でもある。さらには毎夜やってくる骨牌仲間もいる。こういった者たちと行動をともにせず、一人になることは、考えてみれば、実は案外に難しいことがわかる。「余」は、どんな理由でそうしたかはわからないが（この後、「微恙にことよせて」と出てはくる）。間違いなく、意図的に残ったのだ。つまり「余」は一人になりたかったということである。

焦燥感漂う冒頭の一文と考えあわせたとき、「余」には、日本に帰るまでに、誰にも知られずに、何かしなければならないことがあるのではないか、始末し、片づけておかなければならないことがあるのではないか、ということが読めてくる。

このように注意深く読むと、船の中、骨牌仲間（花札ではない。トランプである。仲間は外国人かもしれない）、中等室、など、一見、近代的でモダンなイメージを想起させる言葉とは逆に、何となく暗いトーンの、陰鬱な悩みを抱えているような「余」の姿が見えてくる。

そして、この冒頭の数行が何を語っているのかがはっきりと見えてくる。「中等室の卓のほとりはいと静かにて熾熱灯の光の晴れがましきもいたづらなり」とあるが、その理由として「船に残れるは余一人のみなれば」と倒置して語っている。燃料を積む喧噪も途絶えた。私のいるテーブルの周りはとても静かでこの部屋を照らす灯りももったいない感じだ。なぜかといえば今日はもう仲間はやって来ないし、私一人だけということだ。

つまり、自分一人であることを、わざわざ回りくどく強調して説明しているのである。これまでもおそらくは、一人になることを何度か試みようとしたのであろう。しかし、それはその度にかなわなかった。そうして「余」は、この出航前の最後の夜に、やっと一人になることができたのである。

「舞姫」の冒頭は、この回顧録を物すにあたっての豊太郎の長い独白によって、読み手に一人っきりの「余」を強く意識させる装置として機能していることがわかる。

これらの読みは、展開部・山場とも深くかかわっていく。特にクライマックスとのかかわりは大きい。これらが重要な伏線となっていることが見えてくる。

他の小説でも導入部では、右のように教材研究を深めていく。右の読みでは、さらに次のような教材研究の観点を使った。

小説の教材研究の観点—形象よみ・その2

（1）導入部では、「語り手」の設定を読むことも重要。

（2）「はや積み果てつ」の「はや」のような一語にもこだわる。

（3）その際「他の表現と比べその差異を考える」ことが有効である。「はや」を「つひに」と比べるなど。

（4）なぜ他と違いそうしたのかなどの謎を発見する。

（5）「はや」「船に残れるは余一人」と「晴れがましさもいたづらなり」との関係のように、複数箇所を関連づけながら読む。

5　形象を読んだ上で作品を吟味する

次にこの作品をどのように吟味・批評していくかについて考える。吟味・批評も重要な教材研究である。

吟味の全体となるのが、何よりも作品の構造や形象をしっかりと読むことである。それらの読みをしっかりとやっていることが、吟味を豊かなものにしていく。

「舞姫」でいうと、この作品は「余」の回顧告白という形式をとっているが、それにはどんな意味があるのかと考え、設定を変えてみることで、オリジナルの表現意図が見えてくるようになる。また、最後の一文があるのとないのでは、作品の解釈、豊太郎への見方はどのように変化するのか、あるいはしないのか。この一文はある方がいいのかない方がいいのかなどを考えることで、作品を評価する力を育てていく(2)。

最後の一文は示唆的である。相沢のような「良友」は得難いといいつつ「一点」、「憎む」という矛盾した心情を吐露している。では「憎む」とは何を憎んでいるのか。表層的には自分のあずかり知らぬところでエリスとの決着をつけ帰国の算段をつけてしまったことであろう。しかし、これは、逆恨みというものである。自分では出来なかったのだから、逆に相沢に感謝してもよいくらいである。それをなぜ憎むのか。エリスが倒れたからか。

そうではなく、相沢は豊太郎の望むようにしたのである。つまり、相沢もまた個人ではなく国家有為の人物として生きていくという豊太郎と同じ生き方を選択した人物なのである。ということは豊太郎が相沢の中に見た「一点」の「彼を憎む心」とは、とりもなおさず豊太郎自身に向けた自己憎悪となって内面を照射しているのである。この最後の一文は、相沢に責任を転嫁しようとして、図らずも露呈した自己断罪の一文である。そう読むと、この物語の人物には、やはり「名前」が必要である。抽象的な「人物一般」としてしまったら、明治近代人の苦悩は、現実感なく観念の中に埋まってしまうのである。

これは「羅生門」では逆となる。「下人」に名前がついていたらこの物語は何か変わるのか、なぜ名前がないのかなど、人物の設定を変えて考えてみたり、この作品も最後の一文の意味や、適否を考えることで作品を評価する力がついてくる(3)。「羅生門」では、名前のない、身分を表す「下人」だからこそ、物語の主人公は抽象化され、老婆の着物を剝ぎ取るという極端な行動を取り得るのであり、そのような行動をとおして、我々の中に潜む究極の利己的心性を描くことに成功しているのである。

「舞姫」も、リアルタイムで事件が展開せず、過去を回顧するという形式であることで、結末は絶対に変えられないという前提を、物語の導入部で最初に示しているのである。だから冒頭から「余」の語りは、何かおかしいと「読み手」が感じる語りとなっているのである。仕掛けとしては大変見事な伏線だと評価できる。

実践の現場では一層豊富な読みが出てくるはずであ

る。だがその前提には、それまでにどれだけ豊かな構造よみ・形象よみの過程があるかどうかが問われる。

小説の教材研究の観点―吟味よみ
（1）作品の構造がもつ効果に着目する。たとえば回想形式、錯時法など。
（2）人物の設定を替えてみて、オリジナルの人物の設定と比べる。

6　教材研究の観点と子どもたちに育てる読みの力

構造・形象を深く読み、それを言語化することで作品の教材研究は精度を増していく。そうした読みがあってこそ、その先の吟味よみも一層豊かなものになる。

右に枠囲みで示してきた教材研究の方法は、教師の教材研究力を高めるとともに、子どもたちの読む力も鍛えていく。これが子どもたちの「読みの方法」ともなっていく。その「読みの方法」は、「言葉による見方・考え方」を深くするということにもなる。

注

（1）高等学校国語教科書『精選現代文B』二〇二一年、東京書籍

（2）「舞姫」初出の「国民之友」をみると、最後の一文は「……あはれなる狂女の胎内に遺し丶子の生まれむをりの事をも頼みおきぬ。」に続けて書かれている。後に段落分けがほどこされ、「嗚呼、相沢謙吉が如き良友は……」の一文は、独立した一段落となった。鷗外は、この一文をわざわざ取り立てて一段落にしたということである。

（3）「羅生門」の結末の変遷は有名である。初出と現在の決定稿の結末を比べてその差異を考えることは有効な吟味となる。

参考文献

阿部昇『増補改訂版　国語力をつける物語・小説の「読み」の授業』二〇二〇年、明治図書
加藤郁夫『「舞姫」の読み方指導』一九九一年、明治図書
広井護『読みのスリルとサスペンス』二〇一六年、南の風社
日本近代文学館編『教科書と近代文学』二〇二一年、秀明大学出版会
嘉部嘉隆・檀原みすず編『森鷗外集　獨逸三部作』一九八五年、和泉書院

【「対話的で深い学び」を生み出す物語・小説の教材研究力】

5　「対話的で深い学び」を生み出す古典作品の教材研究力
――教材『徒然草』「高名の木登り」「ある人、弓射ることを習ふに」を使って

大庭　珠枝（秋田県由利本荘市立東由利中学校）

1　「対話的で深い学び」を生み出す古典の授業

二〇一六年中央教育審議会答申では、高等学校の国語科の課題の一つとして、「古典の学習について、日本人として大切にしてきた言語文化を積極的に享受して社会や自分との関わりの中でそれらを生かしていくという観点が弱く、学習意欲が高まらないこと」が挙げられている。(1)これは高等学校における課題であるが、小・中学校も決して無関係とはいえない。校種を問わずすべての国語教師に、学習意欲が高まるような古典の授業を目指す責務がある。

では、「学習意欲が高まるような古典の授業とは？」と問われたら、皆さんはどのようにお答えになるだろうか。私は、「子どもたちが『古典は面白いな』と感じることのできるような授業」であると答える。ただし、「音読が楽しかった」「内容がだいたいわかって面白かった」という表層レベルの面白さではなく、作品の仕掛けを発見したり、文章構造の巧みさに気づいたり、自分なりの解釈を深めたりするなど、深層レベルの面白さを味わえるような授業でないと、古典を学ぶ意欲は持続しない。そして、そのような授業では、仲間との対話をとおして思考を深める「対話的で深い学び」の姿が自然と生み出される。そして、高い国語力が身についていく。

古典の魅力を発見していく面白さを実感できるような授業を積み重ね、古典を学ぶ意欲を高めていくための鍵を握るのは、深い教材研究である。では、具体的にどのように教材研究をしたらよいのだろうか。

2　古典作品の教材研究のポイント

(1)　指導過程になぞらえて読む

古典作品も、基本的には現代文と同様の方法で教材研究をするとよい。その際のポイントは、指導過程になぞらえて読むことである。

「読み」の授業研究会では、現代文の読みの授業において、まず音読をしたり語句の意味を確認したり内容の大体を捉えたりする「表層のよみ」を行い、その上で、構造を捉えたり論理・レトリックを読んだり評価・批評をしたりする「深層のよみ」を行うという指導過程を提唱している。この読み方を、古典作品の教材研究にも当てはめるわけである。

指導過程になぞらえて読みながら教材研究をすることは、実際の授業で子どもたちがどのように考えるか、どこに興味や疑問をもつかなど、子どもの思考の流れを予想することにもつながると考える。

(2)　表層のよみ

次のようにして、まずは自力で読んだり調べたりすることをお勧めする。

1　通読（現代語訳を見ずに、概要をつかむ）
2　音読（読み間違えそうな語句やわかりにくい語句をチェック）
3　朗読
4　現代語訳を確認（できれば複数）
5　現代語訳を作成（4で確認したものをベースにして）
6　作品のジャンルを確認
7　作者の情報・時代背景などを確認

現代語訳を確認する前に、1〜3を行うことで、教師自身の古典を読む力を鍛えることができる。特に音読・朗読を繰り返し行ってみることで、教師自身が作品の魅力を発見することにつながる。同時に子どもたちの音読指導に生かすこともできる。

また、教科書や古典全集などの現代語訳を確認した後に、自分で現代語訳を作成することもお勧めしたい。古典全集等の現代語訳をベースにして部分的に書き換え、子どもたちが理解しやすいものにする。

なお、古典作品のジャンルを確認することの重要性については、阿部昇が「古典の文章・作品のジャンルについて考えることは重要である。文章・作品のジャンルによって書かれ方や仕掛け等が大きく違ってくる。ジャンルを曖昧にしておくと、その文章・作品のどこに着目したらよいか、またどう読み深めたらよいかが見えにくくなる。(2)」と述べている。やはり現代文と同様に、古典作品においても、一読してジャンルを確認するようにしたい。

(3) 深層のよみ

次に深層のよみである。次のような流れを基本として進めるとよい。

1　全体構造を俯瞰的に読む 2　論理・レトリックを読む 3　評価・批評・批判をする

これらそれぞれの段階の方法試案を、阿部は次のようにまとめている。(3)

ジャンルを通した構造を読むための方法 (1) 対比的な構造に着目する (2) 重層的な構造・サンドイッチ的な構造など変化を演出する仕掛けに着目する (3) 構造的な一貫性と差異性に着目する (4) 文章全体・作品全体と各段・章・場面との関係性に着目する (5) 冒頭の内容・表現の効果に着目する (6) 概括的・説明的な述べ方と具体的・描写的な述べ方の区別とその関係性に着目する (7) 起承転結、序破急の構造に着目する

ジャンルを通した論理・レトリックを読むための方法 (1) 説得力を高めるための仕掛けに着目する (2) 不整合に見える表現・内容を整合性のある表現・内容に替え、その差異に着目する (3) 別の表現・内容に替え、その差異に着目する (4) 表現・内容を欠落させ、その差異に着目する (5) 内容・表現の肯定的側面・否定的側面の両面に着目する (6) 内容・表現の多面性に着目する (7) 異化作用に着目する (8) 文章内文脈・作品内文脈と文章外文脈・作品外文脈に着目する

（9）文化的前提と歴史的前提に着目する
（10）先行文学と定型表現に着目する

古典の文章・作品を評価・批評・批判するための方法試案（一部抜粋）

1　説明的な文章（論説型随筆・事例列挙型随筆・記録型随筆）
（1）語彙・表現について評価・批評する
（2）事実・事例の現実との対応について評価・批評する
（3）事実・事例の取捨選択と配置について評価・批評する
（4）根拠・解釈・推論の妥当性について評価・批評する
（5）ことがら相互・推論相互の不整合を評価・批評する
（6）表現・事実選択・推論などの裏にある考え方・ねらい・基準について評価・批評する
（7）文章を総括的に評価・批評する

これらの方法は、現代文における「深層のよみ」のそれとほぼ重なっている。古典も、構造の特徴をつかみ、論理・レトリックに着目して読み、評価・批評するという段階を念頭に置いて教材研究をしていくことで、読み深める上でのポイントが明確になる。

以下、実際の教材を用いて教材研究例を示す。

3　『徒然草』「高名の木登り」「ある人、弓射ることを習ふに」の教材研究を例に

数年前に、小学生向けの教材を発掘すべく『徒然草』をすべて読み返してみたことがある。「小学生にもわかりやすい内容か」「小学生も共感して読みそうな内容か」を主な視点としながら読んでいくと、よく似た内容の章段が散りばめられていることに気づいた。それが次の「高名の木登り」と「ある人、弓射ることを習ふに」である。

高名の木登り（教材A）

1 高名《かうみやう》の木登りといひしをのこ、人をおきてて、高き木に登せて梢《こずゑ》を切らせしに、いと危《あやふ》く見えしほどは言ふこともなくて、おるるときに軒長《のきたけ》ばかりになりて、「あやまちすな。心しておりよ」と言葉をかけ侍《はべ》りしを、「かばかりになりては、飛びおるるともおりなん。如何《いか》にかく言ふぞ」と申し侍りしかば、「そのことに候《さうらふ》。目くるめき、枝危きほどは、おのれが恐れ侍れば申さず。あやまちは、やすき所になりて、必ず仕《つかまつ》ることに候」といふ。
2 あやしき下臈《げらふ》なれども、聖人の戒《いまし》めにかなへり。
3 鞠《まり》も、難《かた》き所を蹴出《けいだ》して後《のち》、安く思へば、必ず落つと侍るやらん。

ある人、弓射ることを習ふに（教材B）

1 ある人、弓射《い》ることを習ふに、もろ矢をたばさみて的に向《むか》ふ。師《し》の言はく、「初心の人、ふたつの矢を持つことなかれ。後《のち》の矢を頼みて、はじめの矢に等閑《なほざり》の心あり。毎度ただ得《とく》失《しつ》なく、この一矢《ひとや》に定むべしと思へ」と言ふ。わづかに二つの矢、師の前にてひとつをおろかにせんと思はんや。懈《け》怠《だい》の心、みづから知らずいへども、師これを知る。

2 この戒《いまし》め、万事《ばんじ》にわたるべし。

3 道を学《がく》する人、夕《ゆふべ》には朝《あした》あらんことを思ひ、朝には夕あらんことを思ひて、かさねてねんごろに修《しゅ》せんことを期《ご》す。況《いは》んや一刹那《せつな》のうちにおいて、懈怠の心あることを知らんや。なんぞ、ただ今の一念《いちねん》において、直《ただ》ちにすることの甚《はなは》だ難《かた》き。

出典は、『新編日本古典文学全集44』（一九九四年、小学館）である。段落番号は大庭。2段落と3段落は、一つの段落として表記されているのだが、教材化するにあたり大庭が二つに分けた。また、漢字やひらがなどの表記も改変した。

「高名の木登り」と「ある人、弓射ることを習ふに」は、最初は「教訓の内容が似ている」という理由で、比べ読みの教材として選び出した章段である。しかし、教材研究をしていくうちに、似ているのは内容だけではないという発見があった。以下、二つの章段の共通点を、教材研究の段階に沿って述べる。

(1) 「表層のよみ」から見える内容の共通点

教材Aには木登りの名人が登場する。その名人のせりふ「あやまちは、やすき所になりて、必ず仕ることに候」が、この章段で作者が伝えようとしていることを端的に表している部分である。「簡単な所ほど用心せよ」というメッセージが読み取れる。

「あやしき下臈」である木登り名人の言葉であるが、「聖人の戒め」と同等の価値があると述べ、さらに「蹴鞠でも同じことが言えますよ」と補足の例を挙げている。蹴鞠は当時の読者層である貴族の遊びだったことを踏まえると、「皆さんも気をつけてください」というメッセージであることが読みとれる。

教材Bには弓の師匠が登場する。その師匠のせりふ「初心の人、ふたつの矢を持つことなかれ。〜この一矢に定むべしと思へ」からは、師匠はほんの少しの油断の心もお見通しということが伝わってくる。

「この戒め、万事にわたるべし」と作者はいう。そして、仏道を学ぶ人、つまり作者自身を含めた当時の読者層へのメッセージ（「ただ今の一念において、直ちにすること」が大切だということ）が続く。

どちらの「戒め」にも共通するのが「油断大敵」ということである。ただし教材Aは「簡単な場面でこそしてしまう油断」、教材Bは「無意識のうちに『次がある』と思ってしまうことによる油断」という点で差異がある。

いずれにしても、読者が思わず納得してしまうような内容であることに変わりはない。では、読者を納得させる仕掛けはどこにあるのかを「深層のよみ」の教材研究で明らかにしていく。

(2)「深層のよみ」から見える書きぶりの共通点

①構造の共通点

前述の阿部による「ジャンルを通した構造を読むための方法」のうち「（3）構造的な一貫性と差異性に着目する」方法を用いてみると、どらの教材も次のような構造になっていることがわかる。

1段落　具体的な事例
2段落　作者の見解・評価
3段落　事例の追加

このように、事例を二つ挙げることで、説得力をもたせる効果があるものと考える。

どちらの章段も元は二段落構成で示されていたのだが、以上のような構造の共通点をふまえ、大庭が三段落に分けたものを教材として使用した。その方が、子どもたちが自力で共通点を見いだしやすいと考えたためである。このような「教材化する」という視点も、古典においては重要である。

②論理・レトリックの共通点

これも前述の阿部による「ジャンルを通した論理・レトリックを読むための方法」のうち「（1）説得力を高めるための仕掛けに着目する」方法を主に用いてみる。特に、事例・引用の配置・配列に着目してみたい。

まず、1段落に着目する。それぞれ「木登り名人」「弓の師匠」による教訓が述べられているのだが、具体的なエピソードを会話文を用いて提示しているため、非常に読みやすい。そして、真実味があるため、思わず納得させられるのではないだろうか。

次に、2段落に着目する。「聖人の戒めにかなへり」「この戒め、万事にわたるべし」といった作者の評価の言葉が効果的である。「聖人」「万事」という言葉のセレクトによって、読者は思わず「非常に素晴らしい教えなのだ」という気持ちにさせられてしまう。同様のことが、1段落に登場した「高名の」「師」にもいえる。凡人ではなく、名人や師匠の言葉だからこそ納得させられるのではないだろうか。

さらに、3段落に着目する。1段落の事例が非常にわかりやすいため、3段落はなくても、作者の伝えたいことは伝わりそうなものである。しかし、あえてもう一つの例を添えたことにより、どんな効果があるのか。やはり、前述のとおり、二つ目の例が示されることで、読者は「他にもあるかもしれないから、自分たちも気をつけよう」と思わせられるのではないだろうか。また、当時の読者層に当てはまる例になっており、当時の読者としてはドキッとさせられたのではないだろうか。

それならば、当時の読者層、つまり作者にとっての相手意識のターゲットに向けたメッセージを最初にもってくる方法もあるはずである。つまり、1段落と3段落を入れ替えて示す方法である。なぜそうしなかったのか。大きく二つの理由が考えられる。一つ目は、1段落は物語のようで読みやすく、読者の興味を惹きつける効果があるからである。もし3段落を最初にもってくると、「鞠」の方はまだしも「道を学する人」の方は難解な印象を受け、読む気が失せてしまう可能性がある。二つ目は、当時の読者層へのメッセージをあえて最後に書くことで、ハッとさせ、印象を強める効果があるからである。もし3段落が最初に書かれていたら、説教くさく嫌味くさい印象が先に立ち、素直に受け止められない可能性がある。そのようなことを考慮に入れて、作者は練りに練った構造にしているのではないだろうか。

構造だけでなく細部のレトリックも効果的である。「如何にかく言ふぞ」「師の前にてひとつをおろかにせんと思はんや」といった疑問文や反語表現は、読者も感じる疑問である。それをあえて書くことで、読者は「たしかに自分も疑問に思う」と共感できるし、しかも、その答えが直後に書かれているため、疑問が解決されて納得につながる。加えて、教材Bの「泥んや一刹那のうちにおいて、懈怠の心あることを知らんや」という疑問を投げ掛けてあえて答えを書かない反語表現には、読者も考えさせられるという効果があるのではないだろうか。

以上のように、構造・論理・レトリックの効果を探っていく教材研究は、実は評価的吟味と一体化している。批判的吟味については、紙面の都合上、割愛させていただく。

注

（1）中央教育審議会「幼稚園、小学校、中学校、高等学校及び特別支援学校の学習指導要領等の改善及び必要な方策等について（答申）」二〇〇六年、一一七頁

（2）阿部昇『読解力を鍛える古典の「読み」の授業―徒然草・枕草子・平家物語・源氏物語を読み拓く』二〇一一年、明治図書、三四頁

（3）前掲書（1）五一頁、七二頁、八五頁〜八六頁

【「対話的で深い学び」を生み出す説明文・論説文の教材研究力】

6 「対話的で深い学び」を生み出す説明文・論説文の教材研究力：小学校編

――教材「こまを楽しむ」（安藤正樹）「すがたをかえる大豆」（国分牧衛）〈小3〉を使って

鈴野　高志（茨城県・茗溪学園中学校高等学校）

1 教科内容の系統性を意識した教材研究

教科書に採用されている説明的文章教材は、子どもたちの興味関心に即した話題の面白さだけを重視して配列されているわけではない。文学作品と同じように説明的文章についても子どもがその都度出会う教材は、既習事項を前提としながらも新たな学びがあり、新たな読みの力がつけられるよう順序を考慮した配列になっている。

したがって教師は、それぞれの説明的文章教材を子どもたちが学び始めるタイミングで、それまでに読みの方法について何を学んできたか、またその前提の上に今度の教材で新たに何を学ばせるのかを意識する必要がある。教科内容の文脈を意識して教材研究を行い、また授業に臨むのである。

本稿で例に挙げる光村図書版教科書掲載の教材も、同じ小学校3年生の教材として位置づけられながら、その配列には根拠に基づいた系統性がある。そして授業化に向けたその教材研究もまた、その系統性をふまえて行うことで、授業で十分に系統性を生かした指導が展開できる。

2 説明文の典型としての「こまを楽しむ」

「こまを楽しむ」は、子どもたちが文章構造や論理展開を学ぶための典型といえる教材である。具体的に検討しながらそれを解明していく。(1)

（1）構造の読み

「こまを楽しむ」は八つの段落からなる説明文である。1段落では、まずこまが世界中で遊ばれてきたこと、工夫の積み重ねの中でたくさんの種類が生み出されてきたことを述べる。その上で次の問題提示に入る。

> では、どんなこまがあるのでしょう。また、どんな楽しみ方ができるのでしょう。

この文章で説き明かそうとする内容を問いの形で示す、その文章全体で明らかにしようとすることが問いの形で書かれている典型的なパターンといえる。

2～7段落では、1段落の「問い」に対応し、各段落でこまの種類とその楽しみ方が説明される。そして8段落では2～7段落での説明をまとめた形で日本に「さまざまなしゅるいのこまがあ」ることや、紹介されたすべてのこまの共通点などが述べられる。

「はじめ」に相当する1段落で方向性を述べ、2～7段落でそれに対する詳しい答えを述べ、最後に8段落でそれらをまとめるという、典型的な三部構造といえる。構造表で示すと以下のようになる。

はじめ		1	「こま」についての話題と問い
なか	なか1	2	「色がわりごま」について
	なか2	3	「鳴りごま」について
	なか3	4	「さか立ちごま」について
	なか4	5	「たたきごま」について
	なか5	6	「曲ごま」について
	なか6	7	「ずぐり」について
おわり		8	（なか）のまとめ

教材文の構造を把握しておくことでその後の論理関係や文章吟味のための教材研究もスムーズに行うことができる。

説明文・論説文の教材研究の観点―構造の読み

（1）その文章が何を説き明かそうとしているかを示した部分「はじめ」に着目する。（多くの場合問いの形をとるが、問いの形をとっていない場合もある。）

（2）（1）で示された内容に対応する「答え」の範囲がどこからどこまでかを確定する。それが「なか」。

（3）「答え」をまとめた部分「おわり」に着目する。（まとめの要素がなく、「なか」の内容についての感想等が「おわり」の役目を果たす文章もある。）

（2）論理の読み――柱の文とそれを支える文

「なか」に相当する2～7段落には、ほぼ共通した展開が見られる。たとえば2段落は次のように書かれている。（段落番号□、文番号○は鈴野による。）

> 2 ①色がわりごまは、回っているときの色を楽しむこまです。②こまの表面には、もようがえがかれています。③ひねって回すと、もように使われている色がまざり合い、元の色とちがう色にかわるのがとくちょうです。④同じこまでも、回すはやさによって、見える色がかわってきます。

この2段落と同じように、「なか」に相当する2～7各段落の①文では、ちょうど「問い」の「どんなこまが」及び「どのような楽しみ方が」に答える形で「○○ごまは、～を楽しむこまです。」と述べられる（演芸用の「曲ごま」を紹介した6段落①文のみ「～を楽しませるこまです。」となっている）。そして②文以降で、①文の内容をより詳しく説明することでこまの特徴をわかりやすく読者に説明している。この各段落の①文のように、まずそれがないと文章そのものが成り立たない段落や文のことを「柱」という。

この文章でいえば「はじめ」の柱の段落は当然1段落、「なか」については段落ごとに別々のこまについての説明なので2～7段落すべてが柱の段落、「おわり」も8段落だけなのでそれがそのまま柱の段落となる。また、段落内の文相互の関係については各段落における①文が柱の文であり、②文以降は柱である①文を支える文となっていると考えられる。たとえば2段落における段落内の文相互の関係は次のように図示することができる。

> 2
> ◎① 色がわりごまとは
> ②こま表面のもよう
> ③回し方と回したときのとくちょう
> ④回すはやさによる見え方のちがい
> （＊◎は柱の文であることを示す）

このようにして段落相互の関係、文相互の関係を考えることで、文章内の論理関係がよりわかりやすくなり、教材研究の上でも次の吟味よみにおいて筆者による工夫（場合によっては説明が不十分なところも）が見えやすくなる。

説明文・論説文の教材研究の観点―論理の読み
（1）それがないと文章が成り立たなくなる部分「柱の段落」や「柱の文」に着目する。
（2）そして、柱と柱以外の段落や文の相互関係について、他の段落や文がどのように柱を支えて（サポートして）いるかを読む。

(3) 文章吟味――構造と論理展開をふまえて

最後に文章吟味である。小学校3年生という発達段階を考慮し、筆者の工夫などを評価させる吟味を主とする。

ここでもまずは教師自身がこの文章における筆者の工夫や優れた点をどのように考えるかが授業にも生きてくる。まずは、構造よみや論理よみですでに見えてきた肯定的な側面を考えてみると例えば次の吟味ができる。

① 1段落（はじめ）の問いが大変わかりやすい。
② 「なか」の2段落以降も1段落の問いを受け、こまの種類と楽しみ方の説明に始まり、もようや形→楽しみ方という順序が共通していて読みやすい。
③ 「おわり」が「なか」で説明されたことを上手にまとめているので、読んでいて「確かにそうだ」と感じさせてくれる（説得力がある）。

また、これらに加え、取り上げられているこまの種類の順序についても考えさせたい。実はこの順序性については、たとえば1年生の説明文「じどう車くらべ」で紹介されていた「バス・じょうよう車」→「トラック」→「クレーン車」の順序にも通じるところがあり、身近なものからだんだんと身近でないものの説明に移っていくという工夫が見られる。「色がわりごま」や「鳴りごま」、「さか立ちごま」あたりまでは比較的身近で、場合によっては家にあるという子どももいそうだが、寄席などに行かないと見る機会のない「曲ごま」や雪の降る地方でしか楽しめない「ずぐり」などは多くの子どもたちにとっては馴染みの薄いこまである。身近でイメージしやすいものから順に説明していく、という順序の工夫についても子どもたちにはぜひ気づかせたい。

説明文・論説文の教材研究の観点―文章吟味
（1）「はじめ」と「なか」の対応、「なか」と「おわり」の対応が、読者のわかりやすさにどう繋がるかを吟味する。
（2）各段落の柱の文と柱を支える文との関係が、読者のわかりやすさにどう繋がるかを吟味する。
（3）「なか」の順序がもしこの順序でなかったらということを想定し、オリジナルの順序の特徴（よさ）を見つけ出す。

3 「こまを楽しむ」で学んだことを生かした「すがたをかえる大豆」の教材研究

光村版教科書三年上「こまを楽しむ」で説明文の典型を学んだ子どもたちは、次に三年下の教科書で「すがたをかえる大豆」と出会うことになる。(2) したがって先にも述べたように教師は「こまを楽しむ」で子どもたちが何を学んだかをふまえ、さらにこの教材で何を新たに学ばせるのか、ということを念頭においた教材研究を行うことが肝要である。

（1）構造の読みの応用と発展

「すがたをかえる大豆」の1～4段落を引用する。


1わたしたちの毎日の食事には、肉・やさいなど、さまざまなざいりょうが調理されて出てきます。その中で、ごはんになる米、パンやめん類になる麦の他にも、多くの人がほとんど毎日口にしているものがあります。なんだか分かりますか。それは、大豆です。大豆がそれほど食べられていることは、意外と知られていません。大豆は、いろいろな食品にすがたをかえていることが多いので気づかれないのです。

2大豆は、ダイズという植物のたねです。えだについたさやの中に、二つか三つのたねが入っています。ダイズが十分に育つと、さやの中のたねはかたくなります。これが、わたしたちが知っている大豆です。かたい大豆は、そのままでは食べにくく、消化もよくありません。そのため、昔からいろいろ手をくわえて、おいしく食べるくふうをしてきました。

3いちばん分かりやすいのは、大豆をその形のままいったり、にたりして、やわらかく、おいしくするくふうです。いると、豆まきに使う豆になります。水につけてやわらかくしてからにると、に豆になります。正月のおせちりょうりに使われる黒豆も、に豆の一つです。に豆には、黒、茶、白など、いろいろな色の大豆が使われます。

4次に、こなにひいて食べるくふうがあります。もちやだんごにかけるきなこは、大豆をいって、こなにひいたものです。

このように2段落で提示された「おいしく食べるくふう」の説明が具体的には3段落から始まり、それが7段落まで続いていることから、これらが「なか」を構成する段落であることに気づくであろう。そうすると、その前に置かれている1・2段落が「はじめ」になるだろうと予想するわけであるが、そのことも想定した教材研究の段階で教師は、「こまを楽しむ」と「すがたをかえる大豆」の「はじめ」相当の部分について、ある違いに気づくはずである。

それは、「こまを楽しむ」にはあった文章全体に関わる「問い」が、「すがたをかえる大豆」には存在しない、という点である。しかしよく1・2段落を読み直してみると、たとえば1段落の終わりに「大豆は、いろいろな食品にすがたをかえていることが多い」とあり、また2段落の終わりには「昔からいろいろ手をくわえて、おいしく食べるくふうをしてきました」という文があることに気づく。すなわち、これがちょうど「こまを楽しむ」での問いと同じように、これからこの文章で説き明かそうとしていることの内容を包括的に述べたいわゆる「問題提示」の役割を果たしていると考えることができる。

教材研究の段階で教師が気づいたこのこと、つまり「『はじめ』には、多くの場合これからその文章で筆者が何を説き明かしていくかが書かれている。それは『問い』の形になっていることもあるが、必ずしも『問い』ではない普通の文の形で示されている場合もある」——ということを、ぜひおさえておきたい。

なおこの文章の場合も7段落までの具体的な説明をまとめた8段落が「おわり」として位置づけられる。「すがたをかえる大豆」の構造表を次頁に示す。

(2) 論理の読みから文章吟味へ—既習事項を生かしつつ新たな学習をもたらすための教材研究

「すがたをかえる大豆」では3〜7段落それぞれの①文でその「くふう」がどのような工夫かを説明し、②文以降でその「くふう」による具体的な食品を例示する展開になっている。「こまを楽しむ」の「なか」の各段落と同じように、3〜7段落の①文が柱の文となり、②文以降が①文を支えてわかりやすくする役割を果たしている。

さらに、吟味よみの段階では「こまを楽しむ」と同じ

はじめ	なか					おわり
[1] [2]	なか1	なか2	なか3	なか4	なか5	[8]
	[3]	[4]	[5]	[6]	[7]	
大豆はいろいろな食品にすがたをかえている。 むかしからいろいろ手をくわえ、おいしく食べるくふうをしてきた。	そのままいったりにたりして、やわらかくおいしくするくふう　〔例〕豆まきの豆、に豆	こなにひいて食べるくふう　〔例〕きなこ	えいようだけを取り出してちがう食品にするくふう 〔例〕とうふ	小さな生物の力をかりて、ちがう食品にするくふう 〔例〕なっとう・みそ・しょうゆ	とり入れる時期や育て方をくふうした食べ方 〔例〕えだ豆・もやし	大豆はいろいろなすがたで食べられている。多くの食べ方がくふうされてきたのは、味がよく、たくさんのえいようをふくんでいるのと、多くのちいきで植えられたからだ。

ように紹介されている「くふう」の順序に目をつけてみる。すると、面白い仕掛けが見えてくる。

特に各段落の柱の文である①文に目をつける。そうすると、5段落・6段落から注目すべき言葉が見つかる。「ちがう食品」である。ここで「ちがう食品」と言っているということは、3段落・4段落はまだ「ちがわない食品」ということになる。

> [4] ①次に、こなにひいて食べるくふうがあります。
>
> [5] ①また、大豆にふくまれる大切なえいようだけを取り出して、ちがう食品にするくふうもあります。

確かに5段落の豆腐では、大豆の栄養の一部だけを抽出し、にがりを加えていく。6段落も納豆菌や麹菌を加え別の栄養素を作り出していく。もはや元の大豆とは別物である。一方、3段落の煮豆や4段落のきな粉は、大豆の栄養素としては全く変わらない。大豆本来のものである。

つまり、この文章は、3段落・4段落グループと5段落・6段落グループに分けられ、その順序は大豆本来の栄養が残っている食品から大豆の栄養そのものを変化させている食品へというものになっているのである。

そして、7段落である。7段落の「えだ豆」や「もやし」に至っては、収穫時期や育て方そのものまで異なっており、6段落までに紹介されているものとはさらに様相が変わっている。

また、そのことを端的に示すのが「大豆」と「ダイズ」の使い分けである。7段落ではそれより前の段落で「大豆」と漢字で表記されていたものが「ダイズ」とカタカナで記されている。実は段落を遡ると2段落の①文に「大豆は、ダイズという植物のたねです」とあり、収穫前の植物としては「ダイズ」とカタカナ表記され、収穫されて食材となったものは「大豆」と漢字で表記されていることがわかる。このような表記の違いは「こまを楽しむ」では見られなかったものであり、やはり「すがたをかえる大豆」の吟味よみで子どもたちに気づかせたい筆者の工夫といえるだろう。

これらをふまえ、最後に、教材の系統性を考慮に入れた説明文の教材研究についての観点を示しておく。

説明文・論説文の教材研究の観点―系統性

（1）同じジャンルの文章で、子どもたちがこれまでに学習した教科内容がどのようなものだったかを確認しておく。

（2）以前の教材で学んだことを新たな教材でも生かしつつ、新たに学習させる教科内容がどのようなものであるか、明確に意識しておく。

注

（1）小学校国語教科書『国語三上』二〇二〇年、光村図書

（2）小学校国語教科書『国語三下』二〇二〇年、光村図書

【「対話的で深い学び」を生み出す説明文・論説文の教材研究力】

7 「対話的で深い学び」を生かすための説明文・論説文の教材研究力：中学校編
――教材「『言葉』をもつ鳥、シジュウカラ」（鈴木俊貴）〈中1〉を使って

土屋　大輔（長野県佐久市立臼田中学校）・中沢　照夫（長野県佐久市立中込中学校）

1 はじめに

説明的文章を苦手と感じ、抵抗感をもって中学校に上がってくる子どもは多い。それはおそらく説明的文章をうまく読みとることができなかった経験からきている。教師はあの手この手で説明的文章を読ませようとしてきたはずだ。しかし、ただ表層の意味を確認するまではできるが、より深く丁寧に読みとろうとすると一気にハードルが上がり読めなくなる。その結果、自分は読みとる力がないと落ちこみ、説明的文章は嫌いだ、つまらないということになってしまう。

しかし、説明的文章は本来、筆者の熱い思い、文章を書く上でのさまざまな工夫やテクニックがつまったすばらしいものである。中には完成度の低いものもあるが、それはそれで読みとる力を鍛えるのに大いに役立つ。説明的文章を読みとることが楽しい、好きでたまらない、読みとる力がついたことを実感し、また読むことが楽しみになる、そんな学習にするにはどうするべきか。

教師の授業の進め方を改善することも大切である。しかし、授業の前に教師自身がその文章の特長や魅力、工夫やテクニックに気づくことが大前提となる。つまりは教師の教材研究力だ。教師がどれだけその文章を深く、広く、鋭く読みこんでいるか、その文章の魅力を見出しているか。それがあって初めて、子どもの学習意欲に火をつけることができる。

子どもはそうした教師の気概を敏感に感じとる。「ん？　先生なんか熱いぞ？　そんなにおもしろい文章

なのかな。」などと思わせたら導火線に着火したも同然、前向きなスタートを切ることができる。そうした意味でも教師の教材研究力が重要なのである。

2 説明的文章の文種を見分けることの大切さ

説明的文章は、二つの文種に分かれる。これまで意外なくらいこの文種の見分けが軽視されてきた。説明的文章には、ある事柄についてわかりやすく説明した「説明文」と筆者独自の考え（仮説）を提示し、それを論証した「論説文」とに大きく分けられる。

たとえば中1の「大根は大きな根？」（稲垣栄洋）は、大根の仕組みについてよく知らない読者に、大根の根と茎の関係について述べた説明文である。[1] それに対して今回取り上げる「『言葉』をもつ鳥、シジュウカラ」（鈴木俊貴）は、動物行動学者である鈴木が、シジュウカラの「ジャージャー」という鳴き声に着目し、それは「ヘビ」を表わす単語なのではないかと仮説を立て、実験を積み重ね論証していく論説文である。[2]

説明文か論説文かで、読む際の方向が違ってくる。説明文で取り上げている事柄はすでに解明されていることであり、研究としては定説である。だからそれ自体はとりあえず受け入れてよい。文章の構造や論理展開の特徴や工夫を読む。そして、それがわかりやすいものになっているかどうかを評価・批判する。それに対し論説文は筆者の仮説（意見）を示しているのだから、それを受け入れていいのか、納得していいのかを判断しながら読む必要がある。もちろん論証過程の構造や論理を精査しながらである。納得してもしなくても、文章の優れている点、不十分な点はどこかを明らかにすることは必要である。

本稿では、「『言葉』をもつ鳥、シジュウカラ」を取り上げながら論説文の教材研究の方法について、構造、論理、吟味の三点を重視しながら考えていく。

説明的文章の教材研究の観点―文種の見分け

（1）説明的文章では、文種が重要な意味をもつ。「説明文」は、ある事柄についてわかりやすく説明したもので、「論説文」は筆者独自の考え（仮説）を提示し、それを論証したもの。

（2）文種により読みの方向が違う。説明文は定説を述べているので、文章の構造や論理展開の特徴や工夫を読み、そのわかりやすさを吟味する。論説文は、仮説を受け入れていいのか、納得していいのかを判断し吟味しながら読む。

3 構造を読む

まずは文章の大きな枠組み、つまり構造を捉える。すぐ論理関係を読むのではなく、文章の構造を俯瞰する。それにより「序論」「本論」「結び」各部分の役割が明確になる。序論と結びの関係、大きな「仮説→論証」の流れが把握できる。本論をさらにいくつかに分け、「本論1」「本論2」……相互の関係性も捉える。これが次の論理の読みと吟味に生きる。

「『言葉』をもつ鳥、シジュウカラ」は17の段落から成る文章であるが、構造は左の構造表のように捉えられる。

序論	本論		結び
5—1	14—6		17—15
	本論1	本論2	
	9—6	14—10	
・導入 ・仮説の提示＝問題提示的役割	論証1 鳴き声を聞いてどのように振る舞うかの検証	論証2 ヘビの姿をイメージしているのかの検証	・仮説の再提示＝全体のまとめ ・仮説のもつ意味

次は序論の中の5段落である。（以下、段落番号□、文番号は土屋・中沢による。）

> 5 私は、これらの観察から、シジュウカラの「ジャージャー」という鳴き声が、警戒すべき対象としての「ヘビ」を意味する「単語」になっているのではないかという仮説を立てました。

この5段落には筆者の仮説が示されている。これがこの文章の出発点になる。その意味では問題提示ともいえる。そしてこれは、結びの15段落と対応している。

そして「では、シジュウカラの『ジャージャー』という鳴き声がヘビを示す『単語』であるかどうかを調べるには、どうすればよいのでしょうか。」と論証を始めつつある。ここからが論証の役割を担う本論である。

その本論が14段落で終わり、右に示した15段落で仮説が妥当であったことの確認をし、さらに15段落以降でその仮説のもつ価値について述べている。

なお、本論は二つの部分に分かれる。本論1では「ジャージャー」という声とそれ以外の声を比較しながらシジュウカラを観察し、それがヘビと対応しているかを論証しようとする。本論2では、本論1の実験だけでは「ジャージャー」がヘビに対応するかどうかまでは特定できないと考え新しい実験をする。本論1の結果に基づいて本論2があることから「本論1」↓「本論2」に論理が展開しているので、こういう関係を「展開型」という。

説明的文章の教材研究の観点―構造

（1）説明的文章を序論・本論・結びの構造に分け、それぞれの役割と相互の関係を捉える。
（2）本論をいくつかのまとまりに分け、「本論1」「本論2」……相互の関係を捉える。並列型か展開型かを見分ける。特に論説文で展開型の場合は、何がどのように展開しているかを考えながら関係を捉える。

4 論理関係を読む

構造の読みを生かしつつ、柱の段落や柱の文に注目しながら「序論」「本論1」「本論2」「結び」の論理関係を読んでいく。その際に柱の段落・柱の文に注目することで、柱の段落と柱以外の段落の相互関係、柱の文と柱以外の文の相互関係が見えてくる。それにより論理の流れが把握できる。それは、どういう工夫や仕掛けで論証を進めようとしているかを読みとることでもある。

柱への注目が論理を読む際の切り口になるが、柱とは「その段落もしくは文がないと文章が意味を成さなくなる、文章の骨格ともいえる段落・文」である。

ここでは「『言葉』をもつ鳥、シジュウカラ」の本論1（6段落～9段落）の論理関係を読んでいく。

（1）本論1の論理関係

本論1では、まず「もし『ジャージャー』という鳴き声がヘビを意味する『単語』であるならば、それを聞いたシジュウカラはヘビを警戒するようなしぐさを示すかもしれないと考えたのです。」（6段落⑤文）と実験の方向性を示す。その上で次のような実験を行う。

7 ①まず、あらかじめ録音しておいた「ジャージャー」という鳴き声を基に、三分の長さの音声ファイルを作成しました。②シジュウカラのつがいのうち一羽が、ヘビを見つけてくり返し「ジャージャー」と鳴いている状況をまねたのです。③そして、その音声をヘビのいない状況でスピーカーから流して聞かせ、シジュウカラの行動変化を観察しました。

8 ①シジュウカラは、「ジャージャー」という鳴き声を聞くと、巣箱が掛かった木の周辺で地面をじっと見下ろしたり、時には巣箱の穴をのぞいたり、普段とは明らかに異なるしぐさを示しました（グラフ1）。②いっぽう、カラスやネコなどを警戒するときの「ピーツピ」という鳴き声を聞かせても、これらの行動は見られず、首を左右に振り、周囲を警戒するだけでした（グラフ2）。③また、鳴き声を流さない場合には、どのような種類の警戒行動もほとんど示しませんでした（グラフ3）。

9 ①ヘビは地面から木をはい上り、巣箱に侵入して卵やひなを襲います。②親鳥が卵やひなを守るためには、ヘビをいち早く見つけ出し、追い払わなければなりません。③「ジャージャー」という鳴き声を聞いて地面や巣箱を確認しに行くことは、親鳥がヘビの居場所をつき止めるうえで大いに役立つと考えられます。

一見、柱の段落は9段落ではないかと考えてしまう。しかし、9段落の③文は『「ジャージャー」という鳴き声を聞いて地面や巣箱を確認しに行くことは、親鳥がヘビの居場所をつき止めるうえで大いに役立つと考えられます。』と論証のまとめにはなっていない。探しに行く行動が役立つと、その行為の有効性を説明しているに過ぎない。

とすると本論1の実験の中心となる7段落・8段落をまとめている段落はないことになる。ということは論証のための実験結果を示した8段落を柱の段落とするしかない。論理関係図にすると下図のようになる。

この8段落には三つの文がある。三つともに論証に必要な要素である。したがって、三つの文すべてが柱の文とするしかない。

9 →	[8]	← 7	← 6
有効性の証明	実験結果	実験方法	実験趣旨

(2) 本論2の論理関係

本論1で実験結果が出た。ほぼ予想どおりの結果だろう。しかし、本論1だけでは論証としては不十分であると述べる。次が10段落である。

10 ①しかし、この実験結果から、シジュウカラの「ジャージャー」という鳴き声がヘビを示す「単語」であると、十分に主張できるでしょうか。②もしかしたら、「ジャージャー」という鳴き声は、「地面や巣箱を確認しろ。」といった命令であり、それを聞いたシジュウカラはヘビの姿をイメージすることなく、それらの行動を取ったのかもしれません。

この本論1から本論2への流れがどういう意味をもっているかを丁寧に読む必要がある。「ジャージャー」が「地面や巣箱を確認しろ。」といった命令であることが突き止められればよいのではという見方もありうる。しかし、それだと「ジャージャー」が「単語」であるという証明にはならないということである。「ジャージャー」がヘビと結びつかないと仮説の証明にはならない。

10	←	11	←	12	←	13	←	14
実験2の必要性		実験趣旨		実験方法		実験結果		実験結果のまとめ

本論2の柱の段落は、次の14段落である。本論2は本論1と違い14段落でその実験結果をまとめている。10段落を受け始まった第二の実験は「『ジャージャー』という鳴き声を聞いたシジュウカラが、実際にヘビの姿をイメージしているのか検証しよう」とする（11段落）。そこで小枝を使う実験を12段落・13段落で示す。実験結果は13段落である。次が14段落である。

14 ①つまり、シジュウカラは、「ジャージャー」という鳴き声から幹をはうヘビをイメージし、それに似た動きをする小枝をヘビと見間違えたのだと解釈できます。

説明的文章の教材研究の観点―論理

（1）序論・本論1・本論2……・結びそれぞれの柱の段落に着目し段落相互の関係を捉える。柱の段落中の柱の文に着目し文相互の関係を捉える。
（2）構造の読みをさらに発展させ、本論1・本論2・……相互の関係性、展開の意味を捉える。
（3）それらを通じどんな論証が展開されているかを捉える。

5 文章吟味

構造の読み、論理関係の読みを生かしてこの文章の吟味をする。次の二つを行う。

（1）文章の優れた点を評価する（評価的吟味）
（2）文章の不十分な点を批判する（批判的吟味）

この吟味よみによって、文章がさらに見えてくる。

（1）評価的吟味

評価的吟味の観点として、ここでは構造上の工夫、論理展開の良さ、論証の妥当性、語彙・表現の効果、図表や写真等の工夫などを使っていく。

a 「『言葉』をもつ鳥、シジュウカラ」の構造は、まず序論で仮説提示を明確にしている。それを受け本論でその仮説の論証を二回行っている。一つ目の「本論1」の検証だけではまだ不十分であることを述べ、その課題を解決すべく二つ目の検証「本論2」へと進むことで、説得力を高めている。そして結びで論証による仮説の妥当性を再確認した後に、仮説のもつ研究界での独自性を述べている。典型的な論説文の構造であり、わかりやすく説得力を高めている。

b 次に「本論」の論理展開が評価できる。「4 論理の読み」でも読んだが、「本論1」と「本論2」の書かれ方が 検証したいこと（望む結果） → 実験方法 → 実験結果 → 考察 とほぼ同じになっている。科学的な論証の手順をしっかり踏んでいる。そしてわかりやすい。

c 表としては、実験1・実験2ともに棒グラフを効果的に使っている。何羽かを示し比較する必要があるので棒グラフは最適である。表ではもう一つまとめの部分に「ジャージャー」だけでなく「ツッピー」など他の「言葉」についても表で示している。図については、より複雑な実験になる本論2では、イラスト（図）を使い、その具体をわかりやすく示している。写真では、シジュウカラなどの写真だけでなく、筆者の観察記録のノートそのものも示している。筆者の研究の具体的な姿が見える効果がある。

d 5段落②文目でこの文章での「単語」について定義しているとおり、「ジャージャー」＝「ヘビ」の類いを筆者は「単語」だとしている。そして、17段落②文目で「単語」を組み合わせて、より複雑なメッセージを伝えているとして、筆者はそれを「言葉」だと書き分けているように読める。そう読むなら、この文章は「ジャージャー」＝「ヘビ」を論証したにすぎないので、『単語』をもつ鳥、シジュウカラ」が妥当である。しかし、2段落で、鳴き声のレパートリーを紹介し、「それぞれ意味があり、それら全体でシジュウカラの『言葉』になっていると考え」ると述べているように、「言葉」という大枠の中の「単語」として筆者は捉えている。実際に「ジャージャー」＝「ヘビ」以外の研究結果としての表を付けていることからも、「『単語』を使い分けるだけでなく、それらを組み合わせてより複雑なメッセージを伝えている」の部分にもそれなりの説得力がある。したがって、「『言葉』をもつ鳥、シジュウカラ」というタイトルは妥当と考える。

(2) 批判的吟味

批判的吟味の観点として論説文では、事実の選択の妥当性、用語選択の妥当性、解釈・推理の妥当性、因果関係の述べ方の妥当性などが挙げられる。

本論1と本論2の違いは、本論1に本論2の14段落にあるような論証をまとめる段落がないことである。6段落とのつながりで考えれば、8段落の実験結果を受けて、「以上の結果から、『ジャージャー』という鳴き声は、何かを警戒するためのものであると解釈できます。」といった、14段落と同等の段落があることで、より読者の読みが整理されるはずである。筆者はなぜそうした段落をもうけなかったのか。そこに着目することで、9段落や10段落にもう一度目をむけざるを得なくなる。そこに吟味よみの意義を見出せる。

> **説明的文章の教材研究の観点—吟味**
> (1) 論説文の評価的吟味では、たとえば構造上の工夫、論理展開の良さ、論証の妥当性、語彙・表現の効果、図表や写真等の工夫などに着目する。
> (2) 論説文の批判的吟味では、事実の選択の妥当性、解釈・推理の妥当性、因果関係の述べ方の妥当性などに着目する。

6 おわりに

論説文では、仮説をどのように論証しているかを読み深めることが重要であることを再度確認したい。筆者がどんな書き方で説得力をもたせているのかを探りながら読むことが鍵となる。それを構造、論理関係・論理展開、そして吟味という筋道で読み深めていく。

注

(1) 中学校国語教科書『国語1』二〇二一年、光村図書

(2) 前掲書(1)

【「対話的で深い学び」を生み出す説明文・論説文の教材研究力】

8 「対話的で深い学び」を生み出す説明文・論説文の教材研究力：高校編

――教材「水の東西」（山崎正和）〈高1〉を使って

町田　雅弘（茨城県・茗溪学園中学校高等学校）

本稿では、高校の論説文の教材研究の方法について考えていきたい。論説文の指導過程として構造よみ→論理よみ→吟味よみがあるが、教材研究でも構造の読み→論理の読み→文章吟味と進めていくことが効果的である。それについて教材「水の東西」を使いながら解明していく[1]。その上でそれぞれについて、どのようなところに着目をすると教材研究が鋭くなるかについて「教材研究の観点」というかたちで提案をする。

　まず「水の東西」について紹介する。「水の東西」は教材として三省堂・東京書籍・第一学習社・大修館書店・数研出版の「現代の国語」に採用されている。「水の東西」というタイトルからもわかるように、日本人の水に対する美意識を（西洋人と比較をする形で）解き明かしている。そのため「鹿おどし」と西洋の噴水を具体的に挙げ比較をしている。鹿おどしの方は、流れる水を、また時を刻む時間的な水をイメージさせる。それに対して噴水の方は、噴き上げる水を、また造形としての空間的な水をイメージさせる。定まった形を決して持たない水に親しみを持つ日本人と、形なきものに恐れを感じる西洋人とでは、自ずと好みが異なってくる。最終段落（11段落）に「我々は水を実感するのにもはや水を見る必要さえないといえる」とあるように、日本人の水に対する特別な感覚を述べているところをみると、本文章には筆者山崎正和自身の仮説が示されている。したがって筆者独自の主張を根拠とともに述べる論説文である。

1　構造を読む

論説文の構造の読みでは、序論・本論・結びという典型構造を手がかりに全体像を俯瞰する。

しかし「水の東西」には序論はない。次の1段落から文章が始まる。

> 1「鹿おどし」が動いているのを見ると、その愛嬌の中に、なんとなく人生のけだるさのようなものを感じることがある。かわいらしい竹のシーソーの一端に水受けがついていて、それに筧の水が少しずつたまる。静かに緊張が高まりながら、やがて水受けがいっぱいになると、シーソーはぐらりと傾いて水をこぼす。緊張が一気にとけて水受けが跳ね上がる時、竹が石をたたいて、こおんと、くぐもった優しい音をたてるのである。

「鹿おどし」は、この後2段落・3段落でも出てくる。2段落は「見ていると、単純な、緩やかなリズムが、無限にいつまでも繰り返される。緊張が高まり、それが一気にほどけ、しかし何事も起こらない徒労がまた一から始められる。」となっている。「鹿おどし」にかかわる一連の記述である。3段落も「鹿おどし」の話題である。

序論がないと、問題提示的な役割が欠落する。ただし、題名がその役割を肩代わりする場合がある。「水の東西」の場合はこの題名が問題提示と言えるかもしれない。

11段落は、明らかに結びである。11段落は、今まで述べてきた日本の鹿おどしを含む庭と西洋の噴水の様子の対比から筆者の結論を述べている。仮説は、11段落の①文「もし、流れを感じることだけが大切なのだとしたら、我々は水を実感するのにもはや水を見る必要さえないといえる。」と②文「ただ断続する音の響きを聞いて、その間隙に流れるものを間接に心で味わえばよい。」である。

したがって本論は1段落から10段落ということになる。それらが11段落の仮説を論証している。

次に着目するのは、本論をいくつに分けるかである。「水の東西」には、次の三つの段落がある。

流れる水と、噴き上げる水。（4段落）
時間的な水と、空間的な水。（6段落）
見えない水と、目に見える水。（10段落）

いずれも「〇〇水と、〇〇水」となっており、日本の鹿おどしと西洋の噴水の様子が対比されている。そして、そのそれぞれが、体言止めで表現されている。これは、前に来るべき「小見出し」が、文章の後に付けられていると見ることができる。

「流れる水と、噴き上げる水。」（4段落）は、1段落から3段落の内容を象徴的に示す。「時間的な水と、空間的な水。」（6段落）は、5段落の内容を象徴的に示す。そして「見えない水と、目に見える水。」（10段落）は、7段落から9段落の内容を象徴的に示す。

下記が「水の東西」の構造表である。

論説文の教材研究の観点―構造の読み

（1）まずは「序論・本論・結び」を基本とする。ただし、文章によっては序論がない場合がある。題名がその役割を果たす場合がある。

（2）仮説（結論）にまず着目し、それがどう論証されているかを俯瞰的に把握する。

（3）二項対比が使われている論説文では、何と何を対比しているかに着目する。

（4）論説文でもレトリック的な表現に着目する。象徴的な言い方、体言止めなどである。

結び	本論		
11	10―1		
	10―7	6―5	4―1
	本論3	本論2	本論1
仮説のまとめ	見えない水と、目に見える水	時間的な水と、空間的な水	流れる水と、噴き上げる水

2 論理を読む

論理の読みでは、構造の読みで明らかになった「本論1」「本論2」「本論3」「結び」それぞれの柱の段落に着目する。さらにその柱の段落中の柱の文に着目する。

その上で柱の段落をそれ以外の段落がどうサポートしているか、また柱の文をそれ以外の文がどうサポートしているかを把握する。それによって論理の方向性、つまり論証の仕方が見えてくる。

本論1の柱の段落は、2段落である。その中の柱の文は、次の⑤文である。

> ⑤それをせき止め、刻むことによって、その仕掛けはかえって流れてやまないものの存在を強調しているといえる。

この文が、この後の論理展開で西洋の噴水と対比され、最後に11段落で「流れるものを間接に心で味わえばよい。」と受け継がれる。1段落は主に「鹿おどし」の紹介。3段落はニューヨークの鹿おどしを紹介し「噴水のほうが」「人々の気持ちをくつろがせていた。」と軽く触れる。

本論1の4段落「流れる水と、噴き上げる水。」は、まとめ的な側面もあるが、これ自体は象徴的な役割で、柱としては弱い。

本論2の柱の段落は5段落、柱の文は⑤文である。

> ⑤それは揺れ動くバロック彫刻さながらであり、ほとばしるというよりは、音をたてて空間に静止しているように見えた。

本論2の6段落は「時間的な水と、空間的な水。」と重要な点を示しているが、これも象徴的で柱としては弱い。

本論3の柱の段落は8段落と9段落である。8段落の柱の文は④文、9段落の柱の文は④文である。

> 8④日本人にとって水は自然に流れる姿が美しいのであり、圧縮したりねじ曲げたり、粘土のように造型する対象ではなかったのであろう。
>
> 9④それは外界に対する受動的な態度というよりは、積極的に、形なきものを恐れない心の現れではなかっただろうか。

9段落は、この次の10段落の「見えない水と、目に見える水。」の「目に見えない水」に対応する。ただし、8段落の「自然に流れる姿が美しい」も論証としては必須である。

序論は11段落だけだからこれが柱の段落である。

> 11①もし、流れを感じることだけが大切なのだとしたら、我々は水を実感するのにもはや水を見る必要さえないといえる。②ただ断続する音の響きを聞いて、その間隙に流れるものを間接に心で味わえばよい。③そう考えればあの「鹿おどし」は、日本人が水を鑑賞する行為の極致を表す仕掛けだといえるかもしれない。

再度本文で解き明かそうとしていることが「日本人の水に対する美意識」についてであろうと考えると、「結び」の柱の文は①文と②文である。

*

要旨としては、「日本人は水を実感するのに水を見る必要はなく、ただ音を聞いて流れるものを心で味わえば良い。」となる。確かにそこに水が見えなくても、音を聞くことで我々は水を実感することができる。劇作家である山崎正和らしい主張であるといえる。

論理よみで重要になってくるのは、この後の吟味よみにつなげるためにも、根拠を見つけて論理関係を明らかにしておくことである。仮説11段落から、そこに結びつく根拠をさかのぼって再度探っていく（傍線・町田）。

> A（11段落）もし、流れを感じることだけが大切なのだとしたら、我々は水を実感するのにもはや水を見る必要さえないといえる。ただ断続する音の響きを聞いて、その間隙に流れるものを間接に心で味わえばよい。
>
> B（9段落）それは外界に対する受動的な態度というよりは、積極的に、形なきものを恐れない心の現れではなかっただろうか。
>
> C（9段落）そうして、形がないということについて、おそらく日本人は西洋人と違った独特の好みをもっていたのである。

形について日本人は西洋人と違った独特の好みを持つので（C）、西洋人のように受動的な態度で外界に接するのではなく、積極的に形なきものを恐れなかった（B）。よって、我々は水を実感するのにもはや水を見る必要さえなく、ただ断続する音の響きを聞いて、その間隙に流れるものを間接に心で味わえばよいのだ（A）とつながっていく。CならばB、BならばAという形で前提と結論は連鎖し結論に結びついていく。

それでは、Cの「日本人と西洋人の異なる独特の好み」とは何か。筆者は以前に次のように述べていた。

> D（5段落）それ（噴水）は揺れ動くバロック彫刻さながらであり、ほとばしるというよりは、音をたてて空間に静止しているように見えた。
>
> E（8段落）日本人にとって水は自然に流れる姿が美しいのであり、圧縮したりねじ曲げたり、粘土のように造型する対象ではなかったのであろう。

西洋人は、噴水という、バロック彫刻さながら空間に静止して見えるような水の芸術を好んだ（D）。それに対して日本人は、鹿おどしという、造型をしない自然に流れる水の芸術を好んだ（E）。よって日本人は西洋人と違った独特の好みを持つ（C）とつながっていく。その後の論理にも自然につながっていく。

> **論説文の教材研究の観点―論理の読み**
>
> （1）まずはそれぞれの部分の柱の段落・柱の文に着目する。その上で、柱以外の段落・文がそれらをどうサポートしているかを把握する。
>
> （2）仮説（結論）にまず着目し、そこから遡り、それがどう論証されているかを文単位で見極める。

3　文章吟味

ここでは、これまでの構造の読み、論理の読みを生かしながら、この文章の優れた点と不十分な点を見つけていく。前者を（1）評価的吟味、後者を（2）批判的吟味として以下解明していく。

(1) 評価的吟味

① 日本人の好みや感覚・思想と西洋人の好みや感覚・思想を比較しながら論証を展開している。二項対比である。最終的には日本人の好みや感性・思想を述べることが目的であるが、西洋との比較をすることにより、日本人の特徴がより明らかになる。

② 抽象的な要素のある内容だが、抽象だけを前面に出すのではなく、具体例を挙げるという説明にするこ

とによって理解しやすくする工夫をしている。それも「鹿おどし」と「噴水」という切れ味のある例を提示している。両者とも日本・西洋をそれぞれ代表する水を使用した芸術であり、日本人にとって馴染がある。

③「流れる水と、噴き上げる水。」「時間的な水と、空間的な水。」「見えない水と、目に見える水。」と、一文だけの段落を三つ用意している。そして、それぞれ日本人と西洋人の捉え方の違いについて象徴的に意味づけている。読者にとってまるで小見出しをつけてもらっているようで読みやすくなっている。また、徐々に抽象度が上がっていくので理解がしやすい。

(2) 批判的吟味

① 日本の鹿おどしと西洋の噴水を比較はしているものの、実は日本人の水に対する特別な感覚について解き明かそうとしている。それを考えると「水の東西」というタイトルは、本文章の内容にそぐわない。

②「日本人にとって水は自然に流れる姿が美しいのであり、圧縮したりねじ曲げたり、粘土のように造型する対象ではなかったのであろう。」(8段落)と述べている。確かに西洋の噴水に比較すれば、「自然に流れる姿」を残そうとしているかもしれない。しかし本当に「自然に流れる姿が美しい」と思っているのであるならば、鹿おどしすら設置しないのではないか。鹿おどしを設置せずとも、川のせせらぎの音に耳を傾けることはできるし、水を実感することはできる。鹿おどしは、明らかに自然に流れている水に手を加えて加工している。「(日本人は)積極的に、形なきものを恐れない心の現れ」(9段落④文)というのは飛躍ともいえる。

③ 7・8段落では「日本の伝統の中に噴水というものは少ない」(7段落)ことを根拠としている。理由として考えられるのは、ここで紹介されている「気候」「技術」「日本人の水に対する感覚」の三つだけか。噴水を設置するためには、公園や施設が必要となる。そうした人々の憩いの場となる公共の場所の数・邸宅の庭のスペースの広さは、日本と西洋では雲泥の差があるだろう。日本において噴水が設置できる場所は圧倒的に少ない。また、費用の問題も影響する。こうした理由を考慮すると、日本における噴水の数が少

ないのは自明のことだ。このように、他にも根拠が考えられるにもかかわらず、それについて触れておらず、まるで「噴水というものが（日本に）少ない」根拠として「日本人の水に対する感覚」が一番重要な要素であるというような論理展開にしているのはいささか疑問が残る。「飛躍」といえるだろう。

④本文章の中で「我々」という言葉が二度使われている。「『鹿おどし』は我々に流れるものを感じさせる。」（2段落）、「我々は水を実感するのにもはや水を見る必要さえないといえる。」（11段落）とあるように、筆者は読者を含めて「我々」と表現しているのであろう。つまり、対象とする読者は自分と同様、まず日本人であり、噴水より鹿おどしに価値を見出す人々であり、水は自然に流れる姿こそが美しいと思い、圧縮したりねじ曲げたり粘土のように造型する対象ではないと思い、そうした日本人の感性をもつ人々であると述べている。ただ、この前提は現実を反映しているのか。同じ日本人でも、さまざまな感性をもつ人がいる。それを「我々」と一括りにして、「『鹿おどし』は、日本人が水を鑑賞する行為の極致を表す仕掛け」と断ずるのは、飛躍がある。

論説文の教材研究の観点―文章吟味

（1）評価的吟味の観点として、読者のわかりやすさを促進するための工夫、読者の納得を得るための工夫への着目がある。たとえば文章構造、事例選択、提示の順序を含む論理展開、表現などへの着目である。

（2）二項対比などの論理的な工夫、象徴的な表現や体言止めなどの工夫にも着目する。

（3）批判的吟味の観点として、同じ用語・表現、言い換えられた（似た）用語・表現に着目し、それらに整合性があるかを検討する。

（4）論証部分から仮説に導いているのだが、その導く論理展開に無理な飛躍がないかを検討する。

注

（1）高等学校国語教科書『精選現代の国語』二〇二二年、三省堂

1　「ちいちゃんのかげおくり」（あまんきみこ）〈小3〉の教材研究をきわめる

臺野　芳孝（元千葉市小学校教員）

初発の感想では、「ちいちゃんが死んでかわいそう」という子がいると同時に、書かれようからハッピーエンドに感じる子もいる。このような二つに分かれた感想をもつ子どもがいると、構造よみ以降の話し合いで読みが深まる。

1　表層の読み

時代背景がわからない子どもにとって、この物語は理解しにくい。戦時下の用語も解説が必要である。

・出征　・白いたすき　・日の丸　・しょういだん
・いくさ　・ぼうくうごう　・ざつのう　・ほしいい
・くうしゅうけいほう　・サイレン　・夏のはじめ

ひらがな表記であるのは、ちいちゃんには意味がよくわからなかったということでもあるのだろう。

作品を読み解くうえで、アジア・太平洋戦争についてある程度まで知っておく必要がある。特に若い教師は頭に入れて授業をするべきである。

2　構造の読み

「ちいちゃんのかげおくり」の構造は、クライマックス以外はわかりやすいので、81頁の構造表で確認してもらう。わかりにくいのはクライマックスである。クライマックスの候補として、次の三つの箇所が考えられる。子どもたちからもここが出されることが多い。

A　そのとき、体がすうっとすきとおって、空にすいこまれていくのが分かりました。
一面の空の色。ちいちゃんは、空色の花ばたけの中に立っていました。見回しても、見回しても、花ばたけ。
「きっと、ここ、空の上よ。」
と、ちいちゃんは思いました。
「ああ、あたし、おなかがすいて軽くなったから、ういたのね。」
そのとき、向こうから、お父さんとお母さんとお兄ちゃんが、わらいながら歩いてくるのが見えました。

B「なあんだ。みんな、こんな所にいたから、来なかったのね。」
ちいちゃんは、きらきらわらいだしました。わらいながら、花ばたけの中を走りだしました。

C　夏のはじめのある朝、こうして、小さな女の子の命が、空にきえました。

クライマックスの指標としては、阿部昇の「国語授業の研究ノート（https://kokugonote.com/）」掲載の次がわかりやすい。

指標1　事件の流れがそこで決定的になる
指標2　伏線がそこに収斂する
指標3　読者により強くアピールする書かれ方になっている
指標4　作品の主題に深く関わる

ABCの三つの候補であるが、このような場合には、似たような箇所やページなどを一つにまとめ、二つの候補として話し合わせるとよい。ここではAB案とC案に分ける。

AB案は、ちいちゃんが探していた家族と、かげおくりによって再会する場面である。美しい景色の中、きらきらと笑いながら家族が揃う現実ではないかげおくりの場面である（指標1と3）。導入部のエピソードが繰り返され、重要な伏線となっている（指標2）。

A案は、ちいちゃんが死んで天国に向かっていることをにおわせる書きぶりである。B案では、ちいちゃんの笑顔がきらきら輝いている（指標3）。

C案について考えてみる。AB案に比べてC案は、描写性に欠け説明的に見える。四年生の子どもたちにとっては、「C案がクライマックスなの？」と疑問に思うかもしれない。しかし、C案の箇所で読者にとってのちいちゃんの死が決定的になる。ドキッとする書かれ方の変化である。ちいちゃんに寄り添っていた語り手の視点が、急に俯瞰するような視点に変わる。ちいちゃんの死を遠くから見ているようである（指標3）。AB案は、瀕死の状態ではあるが、ちいちゃんは生きている。

「小さな女の子の命が、空にきえました。」には、「ちいちゃん」を「小さな女の子」に言い換える提喩と、「命が空にきえ」るという隠喩が使われている。提喩により、ちいちゃんという存在が後方に退き、名もなくどんな人生を送ったのかもわからない一人の少女の骸として描かれる。残酷性を前面に出している。また、隠喩により、ちいちゃんはかげおくりのように空に大きく映ってから消えていったようにも感じさせる。

次のような理由から、クライマックスはC案ということになる。

指標1　ちいちゃんの死が読める。事件の決定的な転換点である。

指標2　現実と幻想のかげおくりがかつての現実のかげおくりと重なるように繰り返され、実際に楽しかった思い出と、瀕死のちいちゃんの見たかげおくりが重なる。そのことによりちいちゃんの死の悲惨さ・残虐さがかえって強く読める。

指標3　提喩と隠喩により、かえって強く戦争のむごさやはかなく短い命を終えたちいちゃんを思わずにはいられなくなる。

指標4　死の間際に本当は楽しいはずのかげおくりを幻影として見た少女。その命が失われた。小さな少女の命と喜びを奪っていく戦争の残虐性という主題が読める。

「ちいちゃんのかげおくり」の構造は、次頁の構造表のとおりである。

本文は『国語三下』二〇二〇年、光村図書による。

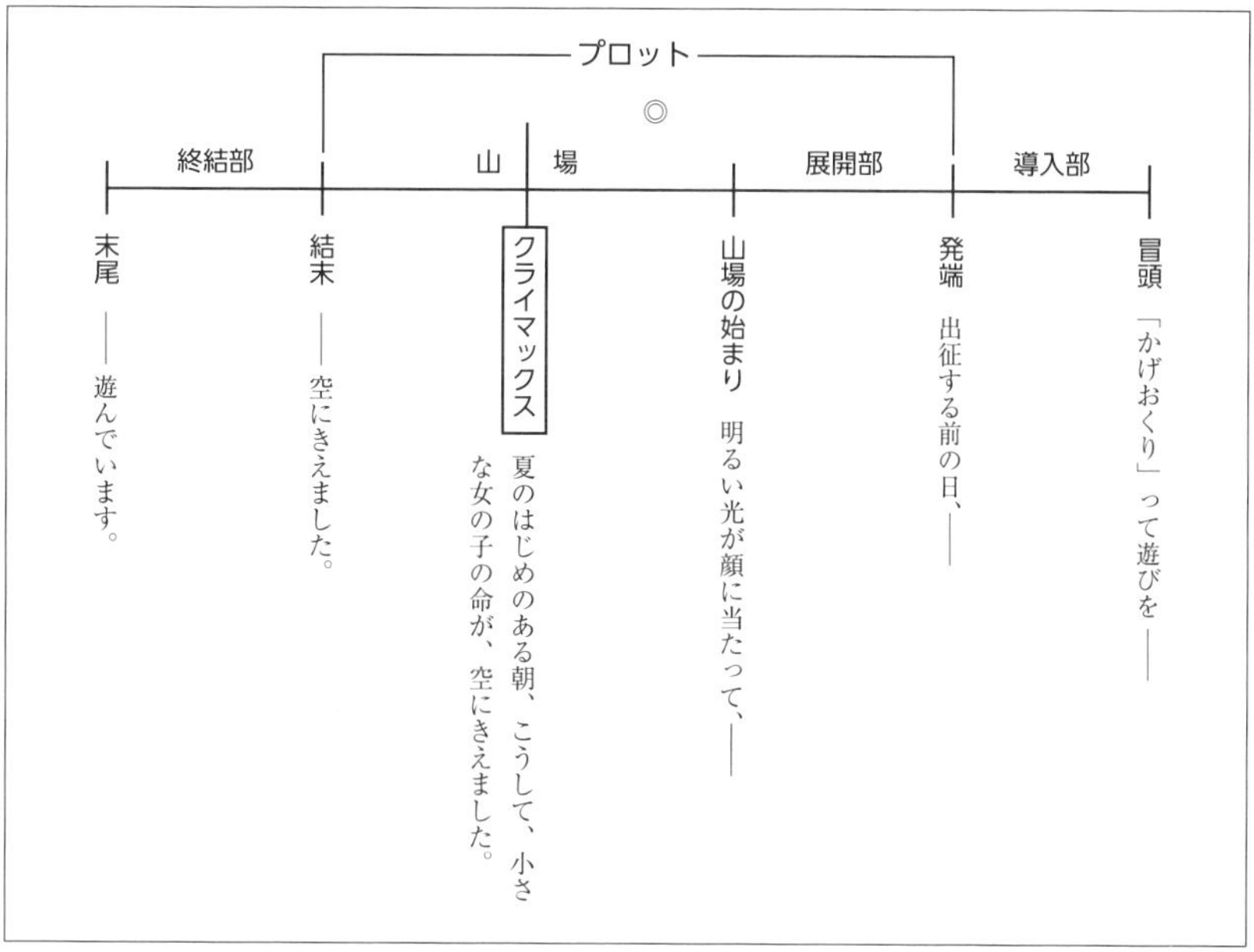

3　形象よみ

(1) 導入部

「かげおくり」って遊びをちいちゃんに教えてくれたのは、お父さんでした。

ちいちゃんは、幼児で小学校前くらいの子どもであろう。あまり小さいと集中できないのでかげおくりは難しいのかもしれない。それでも、かげおくりができるまで頑張ったのかもしれない。

(2) 展開部

展開部に入り、お父さんの出征する前日、家族で先祖の墓参りをしたとき、かげおくりを教わったことがわかる。天気の良い青い空の下で、家族全員でかげおくりをした。戦時中であるので、ちいちゃんには、特別な楽しい一日だったのだろう。山場で、同じ会話が繰り返される。重要な伏線である。

構造よみのクライマックスの決定で、戦争が、ちいちゃんからお母さんとお兄ちゃん、家を奪っていき、最後は命も奪ってしまうことが、物語のプロットになっていることがわかった。形象の読みではどのように何が奪われていくのかを丁寧に押さえることが重要になる。

(3) 山場ークライマックス

二度目のかげおくりの描写からが山場である。家族でかげおくりをした時と全く同じ会話が続く。ただ、声は聞こえるが、家族の姿はない。それでもかげおくりをしたとき、家族四人の姿が浮かぶ。その後、お父さん、お母さん、お兄ちゃんが、笑顔で手を振りながら近づいてくる。ちいちゃんの幸せに包まれたような記述が続く。

> 夏のはじめのある朝、こうして、小さな女の子の命が、空にきえました。

クライマックスを読むための助言として「クライマックスには、三度目のかげおくりがあるよ。」と考えさせてみたい。

一度目は家族そろって墓参りに行った時のかげおくり。二度目のかげおくりは、二度目はちいちゃんが死ぬ直前に見た夢か幻想である。

三度目は、語り手が暗い壊れかけた防空壕で死んでいる小さな女の子をじっと見つめ、ちいちゃんの命が空に消えていくのを、空を見上げて惜しんでいるようでもある。三度目のかげおくりは、語り手と読者が体験するのである。

クライマックスから物語の主題は、「戦争は幼い子どもの命だけでなく、生活や楽しみや夢や未来を残酷に奪っていく」ということになる。

(4) 終結部

終結部は、戦後何十年もの時を隔てている。

> それから何十年。町には、前よりもいっぱい家がたっています。ちいちゃんが一人でかげおくりをした所は、小さな公園になっています。
> 青い空の下、今日も、お兄ちゃんやちいちゃんぐらいの子どもたちが、きらきらわらい声を上げて、遊んでいます。

焼野原だった町に家が建ち、戦争中「とてもこわい所」だった空は、明るく楽しい所に戻り、お兄ちゃんやちいちゃんのことを全く知らない子どもたちが、ちいちゃんの夢の中のように「きらきらわら」って遊んでいる。子どもたちが戦争を知らないことを意識することなく、平和に暮らしている。平和の大切さ、ありがたさなどの陳腐な言葉でまとめるのではなく、子どもたちに大いに語らせたい。

4 吟味よみ

たとえば「山場には、明るく楽しそうなちいちゃんの描写にあふれている。作者はなぜそのような書き方をしたのだろうか。」と問いかける。

この書かれ方で、この物語があたかもハッピーエンドのように感じてしまう読み手もいるだろう。

実際は暗い壊れかけた防空壕の中で、朝になる前に亡くなってしまったちいちゃん。物語の中で一番悲しい事件が起こるところである。

せめて、ちいちゃんが死んでしまうときは、「体がすうっとすきとおって、空にすいこまれ」「一面の空の色」「空色の花ばたけの中」家族そろってわらい声に迎えられていてほしいという願いが込められていると読みたい。

罪のない幼い子どもたちが、戦争によって命を失う悲しさを、生々しく描くのではなく、婉曲な表現によって綴ろうという作品の工夫である。

続けて「終結部は、ちいちゃんとは何ら関係がなさそうだが、終結部があるのと、ないのでは何が違うのか考えてみよう。」と問う。

終結部があることによって、

①その対応と対比によって戦争の悲劇と、今平和に暮らしていることの意味が重くなる。

②ちいちゃんのように、戦争で命を奪われた子どもたちのことを、知らないで生きていることに気づく。

この終結部があることで、未来のある子どもたちとちいちゃんが対応しつつ対比的に描かれる。これにより、戦争がちいちゃんから未来までも奪ったのだということが読み取れるだろう。

いろいろな思いを巡らせることができるこの作品は、文学の読みの授業に相応しい秀作である。

2 「走れメロス」（太宰治）〈中2〉の教材研究をきわめる

杉山 明信（茨城県・茗溪学園中学校高等学校）

1 「走れメロス」と関連作品

作者の記した「古伝説とシルレルの詩から」の「古伝説」とは、古代のデュオニュソス伝説の中の「ダモンとピンティアス」の物語である。元々はピュタゴラス教団の結束の逸話だったが、後には西欧圏での友情、信頼の物語の典型として広く知られるようになった。

他方「シルレルの詩」は、シラー「人質」（一七九八）のことで、太宰が読んだテキストは小栗孝則訳『新編シラー詩抄』（一九三七年、改造文庫）の可能性が高い。

シラーは古伝説中でも特に友情物語の内容を特徴とするヒュギヌス『神話伝説集』「友情によって結ばれた者たち」を重要視していた。これは、「人質」創作に関わっての、シラーとゲーテとの間の書簡のやりとりから明らかにされている。[1]

つまり、「走れメロス」の原型は、最初は教団の結束の物語だったものが、やがてより普遍的な友情の物語に変貌していき、さらにそれを人間の「信実」の物語へと太宰治が作り変えてみせたのである。

1 「走れメロス」の作品構造

「走れメロス」の構造は次頁のとおりである。[2]

この作品の構造よみのポイントは、次の二点である。

構造よみは、それ自体も作品読解の大切な一部だが、次の形象読解にとっても重要である。「走れメロス」は導入部抜きで作品冒頭から「事件」が始まる例外的構造を持つ。人の命のやりとりに関わる「事件」の緊迫

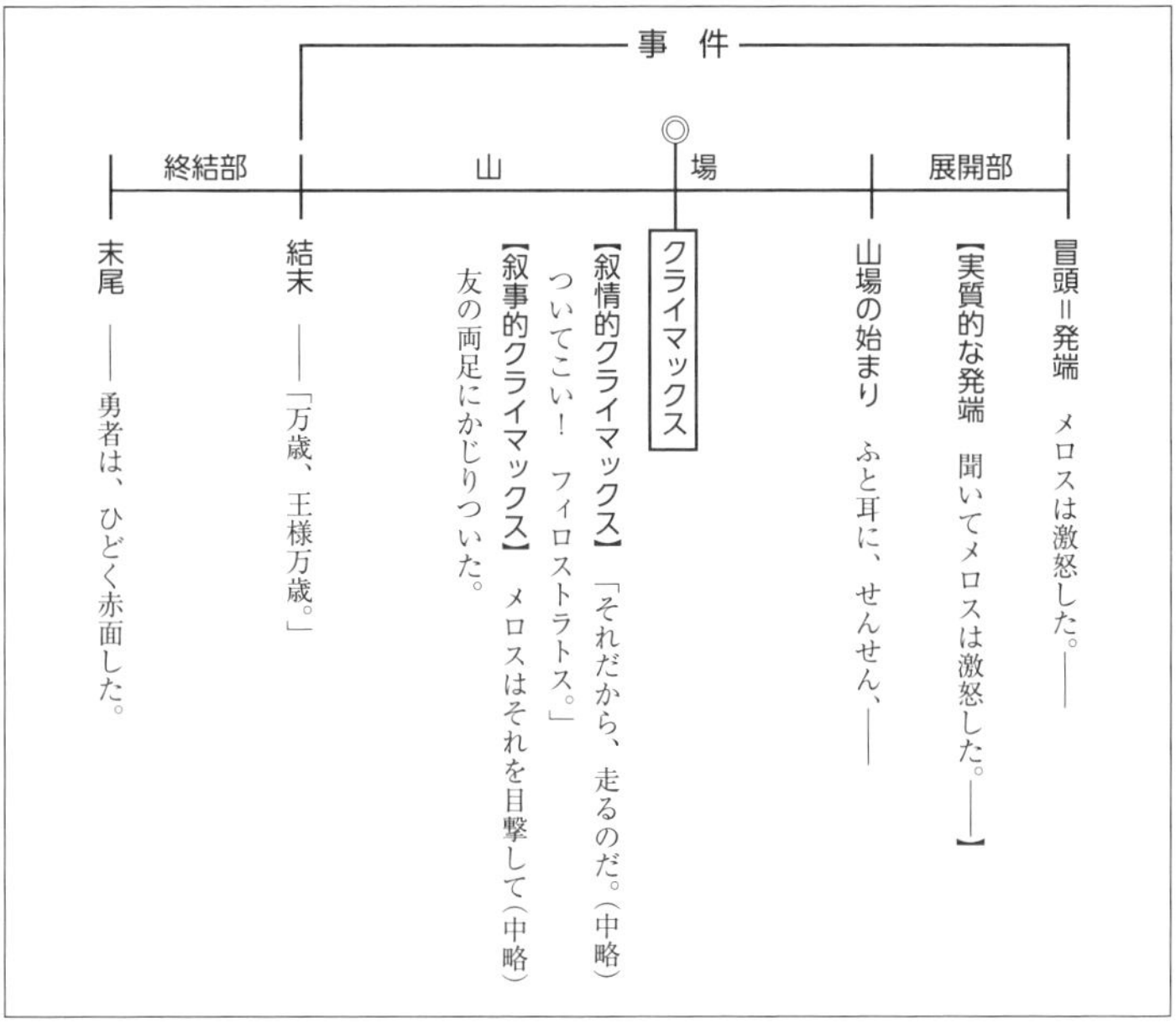

感を巧みに演出する構造である。この特徴的な構造のため、作品の導入部で語られることが多いさまざまな設定、特に人物の設定を、発端以降から読みとる必要がある。二点目は、クライマックスを二か所挙げたことである。作品内の「事件」から作品の全体像をつかむ観点からは、叙事的なクライマックスが優先される。しかしこの作品の主題に迫るという観点からは、叙情的な（メロスの内面的な）クライマックスの方が重視されるのである。クライマックスで何が転換するかを読み取ることは、主題の読解の重要な要素だ。メロスが苦難の末に「信実」を守ったという叙事的な転換の読解だけでは、作品を友情物語に終わらせてしまう可能性もある。叙事、叙情の二つのクライマックスをおさえたい。

2　導入部と展開部の人物形象

作品冒頭より事件が展開し導入部がないこの作品では、展開部であっても挿入的に語られる「時」や「場」の設定はもちろん、とりわけ「人物」の設定に留意して読解する必要がある。特に「人物」を読み込むべきなのは、主要人物であるメロスとディオニスとの間で「信実」への構えが対照的であるからだ。作品の導入部分で、人一倍「信実」を理解しているかのように描かれていた

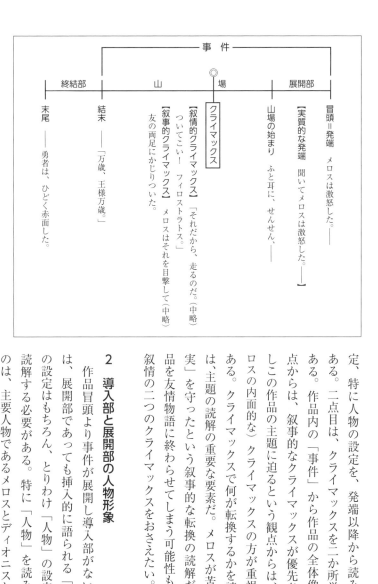

メロスは、実は暴君ディオニスよりも「信実」の実像から離れた存在であった。そのメロスが「事件」の展開の中でいかにして「信実」の実像を思い知っていくのか。導入部、展開部、山場を通じて、その変容の過程の形象読解がポイントになる。

人物形象を読むべき箇所は、その人物の肯定的側面や否定的側面が多様に読みとれる表現である。少なくとも作品序盤の次のような箇所は必読である。

> メロスには政治がわからぬ。メロスは、村の牧人である。笛を吹き、羊と遊んで暮らしてきた。けれども邪悪に対しては、人一倍に敏感であった。（導入部）
>
> その王の顔は蒼白で、眉間のしわは刻み込まれたように深かった。（中略）信じては、ならぬ。」暴君は落ち着いてつぶやき、ほっとため息をついた。（展開部）

メロスは、正義の男ではあるが無教養で楽天的であるように読める。一方、ディオニスは恐ろしい暴君でありながら、知的であり、内面の苦悩を覗かせる。両者の人物形象は次のように対比的に整理できる。

メロス		ディオニス
庶民　低い身分	↔	国の最高権力者
若者　田舎者	↔	老人　都会人（王都）
単純　直情径行	↔	複雑　屈折
気楽　人を信頼	↔	苦悩　人間不信
正義漢（善）	↔	暴君（悪）

4　山場の事件と人物の形象よみ

この作品の形象よみで主題に迫るポイントは二つある。第一は、メロスが刑場に戻ることを諦めようとする「悪い夢」の読解だ。メロスはいろいろと言い訳を繰り返しながら、王と同じ「悪徳者」のレベルに堕ちてしまう。さらには、「悪徳者」としての苦悩さえも「何もかも、ばかばかしい」と放り投げ、苦悩を垣間見せる王よりも下の存在にまで堕ちてしまうのだ。[3]

また阿部昇は、メロスにとっての「信実」が「悪い夢」の前と後とで別のものになっていることを指摘している。[4]「二つの信実」という読解の切り口は、この作品の主題を読み解く実践で実に有効であった。「二つの信実」の読解こそ主題読解の第二のポイントである。

先の構造よみの項で述べたように、この作品は、叙事のクライマックスよりも叙情のクライマックスから深く主題が読める。「山場」における「信実」の読解で不可欠なのは、叙情のクライマックスでもある次頁のAや、それに続くBの箇所である。

A 「それだから、走るのだ。信じられているから走るのだ。間に合う、間に合わぬは問題でないのだ。人の命も問題でないのだ。私は、なんだか、もっと恐ろしく大きいもののために走っているのだ。ついてこい！ フィロストラトス。」

B メロスの頭は空っぽだ。何一つ考えていない。ただ、訳のわからぬ大きな力に引きずられて走った。

A、Bでは、メロスの内側には走る理由がなく、外的な力によって走らされていることが読める。メロスは「間に合う」ことによって、王との約束を果たし親友の命を助け、名誉を守り信実を証明するはずだった。それらメロスが強く願っていたことを「問題でない」とするとは、どうしたことか。その代わりにこの時点でのメロスを否応なく走らせる「なんだか、もっと恐ろしく大きいもの」「訳のわからぬ大きな力」とは、何なのだろうか。この「大きいもの」「大きな力」を修飾する表現からは、それが心地よいものとは正反対の恐ろしげなものだと読める。「引きずられて」という表現からはメロスの苦痛が読める。そしてしかもそれが何かをメロスの頭はもう考えることができない。理解不能で得体の知れないものなのだ。

しかし、こうも言う。「信じられているから走るのだ。」やはりメロスが走るのは、信頼を裏切らないため、「信実」のために他ならない。だとするならば、……。

メロスを走らせるものが「信実」に他ならないなら、メロスが走り出したころのそれとの描かれ方が大きく変化していることになる。この変化した「信実」の正体を読みとるには、「悪い夢」の前で描かれる「信実」を振り返る作業が有効だ。「悪い夢」以前に描かれる「信実」と対比させることにより、AやBでメロスを走らせるもう一つの「信実」の正体がより明瞭になる。次のC～Hから読みとれる形象と先のA、Bの読解とを対比させる。

C　今日はぜひとも、あの王に、人の信実の存するところを見せてやろう。
D　殺されるために走るのだ。身代わりの友を救うために走るのだ。王の奸佞邪知を打ち破るために走るのだ。
E　濁流にも負けぬ愛と誠の偉大な力を、今こそ発揮してみせる。
F　愛と信実の血液だけで動いているこの心臓を見せてやりたい。
G　中途で倒れるのは、初めから何もしないのと同じことだ。
H　友と友の間の信実は、この世でいちばんほこるべき宝なのだからな。

先にあげたA、Bと異なり、C～Hの「信実」は誇らしく素晴らしいものとされている。そして、メロス自身はその「信実」をよく知っており、それを積極的に示したいと願っている。「信実」はメロスの中にあり、彼の自発的な意思として存在しているように描かれているのだ。

「悪い夢」以前に述べられた「信実」と以後で語られる「信実」を対比すると、どちらが真の「信実」かは論をまたない。若く無教養で単純だったメロスは、「悪い夢」を経てようやく「信実」の正体に触れ、恐れながらも引きずられて走る。人生経験豊かで教養も思慮もあった王ディオニスは、「信実」の恐ろしさに耐えられずに、暴君という逃げ道に迷っていたのではないか。「信実」とは積極的に称賛する良きものであるよりは、むしろ生きている限り人間を引きずってゆく辛い軛《くびき》なのかもしれない。

6　作品の吟味

この作品の最大の魅力は、「信実」という美しい概念が変容することだと考えている。それは、キレイゴトでない人間の生の在り様を示すものだ。そういった観点から吟味よみの課題の案を列挙する。

①　王の改心を民衆が歓迎する展開の是非を考える。

ディオニスの改心はいいとして、民衆が即座に万歳をする展開に無理はないか？　ちなみに、王の改心を民衆が歓迎する記述は、古伝説にも「人質」にも無い。

②　最後に少女がマントをささげるエピソードが加わった意味を考える。

「道化」を旨とする太宰が、図らずも人間の「信実」について、熱く本音（素っ裸の姿）を語ってしまったはにかみ、あるいは「道化」。

③題名「走れメロス」の意味を読む。

ａ　「走れ」と命令するのは誰か？　神か？　作者か？　読者か？　メロス自身か？　命令は、あるいは励ましか？

ｂ　「メロス」とは何者か？　素直に読めば「メロス」個人だ。しかしあるいは、一般化されたメロス的な人間、つまり、基本的に善良だが疲れれば挫折して不貞腐れる普通の人間一般とも読めるだろう。

ｃ　シラーの詩「人質」、古伝説の「ダモンとピンティアス」などの題名と比較して、太宰のつけた題名にはドラマ性がある。

④「古伝説」やシラー「人質」との本文比較をする。

本文比較により、太宰のオリジナルな設定や展開を知ることは、作品読解の材料になる。

7　おわりに

「走れメロス」の学習の最後に、中2の生徒たちに作品批評を書いてもらった。それらの中で特に印象深かった批評の一節を抜粋して紹介し、本稿の結びとしたい。

子どもＡ　メロスは最初、王は信実を全く知らないと思っていたが、本当に全く信実を知らなかったのはメロスであった。メロスは走り出した頃、自分は正義のヒーローで、王は完全に悪者になっていたが、実はメロスも王も同じ人間であった。

子どもＢ　私はメロスより王のほうが好きです。王は逆にメロスに思い知らせたと思います。途中、メロスは王以下のレベルまで落ちましたが、すぐにはいあがりました。王は長い間苦しんでいて、そこからやっと信実を見つめることができたので、私は本当に王におめでとうと言いたいくらいでした。

注

（1）五之治昌比呂「『走れメロス』とデュオニュソス伝説」『西洋古典論集』一九九九年、京都大学

（2）本文は『国語2』二〇二一年、光村図書による。

（3）前掲書（1）

（4）阿部昇『増補改訂版 国語力をつける物語・小説の「読み」の授業―「言葉による見方・考え方」を鍛えるあたらしい授業の提案』二〇二〇年、明治図書

3 「羅生門」（芥川龍之介）〈高1〉の教材研究をきわめる

岸　あゆり（神奈川県・北鎌倉女子学園中学校高等学校）

1 「クライマックス」へとつながる伏線をよむ

「羅生門」は、事件の最も大きな転換点であるクライマックスから遡ることによって、作品全体に散りばめられた伏線が見事に浮き上がる作品である。盗人になることを積極的に肯定する「勇気」が出ないことで逡巡していた下人は、老婆の話を聞いて「勇気」を出す。ここがクライマックスである。クライマックスの直前に、「不意に右の手をにきびから離して」とあり、作品中、三回繰り返されていた「にきび」という伏線が回収されるからである。

クライマックスをおさえることによって、以下のように、前後の下人像の対比がはっきりする。

> 暮れ方に、門の下で雨やみを待つ下人
> ↓
> 夜の底へ、勢いよく駆け降りていく下人

教材研究ではクライマックスに向かって、求心的に仕掛けられた伏線を検討していくことが重要である。

クライマックスを含む「羅生門」の作品構造は次頁のとおりである。(1)

2 導入部の伏線　境目

導入部では、展開部や山場につながる「伏線」となりそうな下人の設定に着目することが大切である。その際に「時・場・人物」を鍵として取り出し深める。

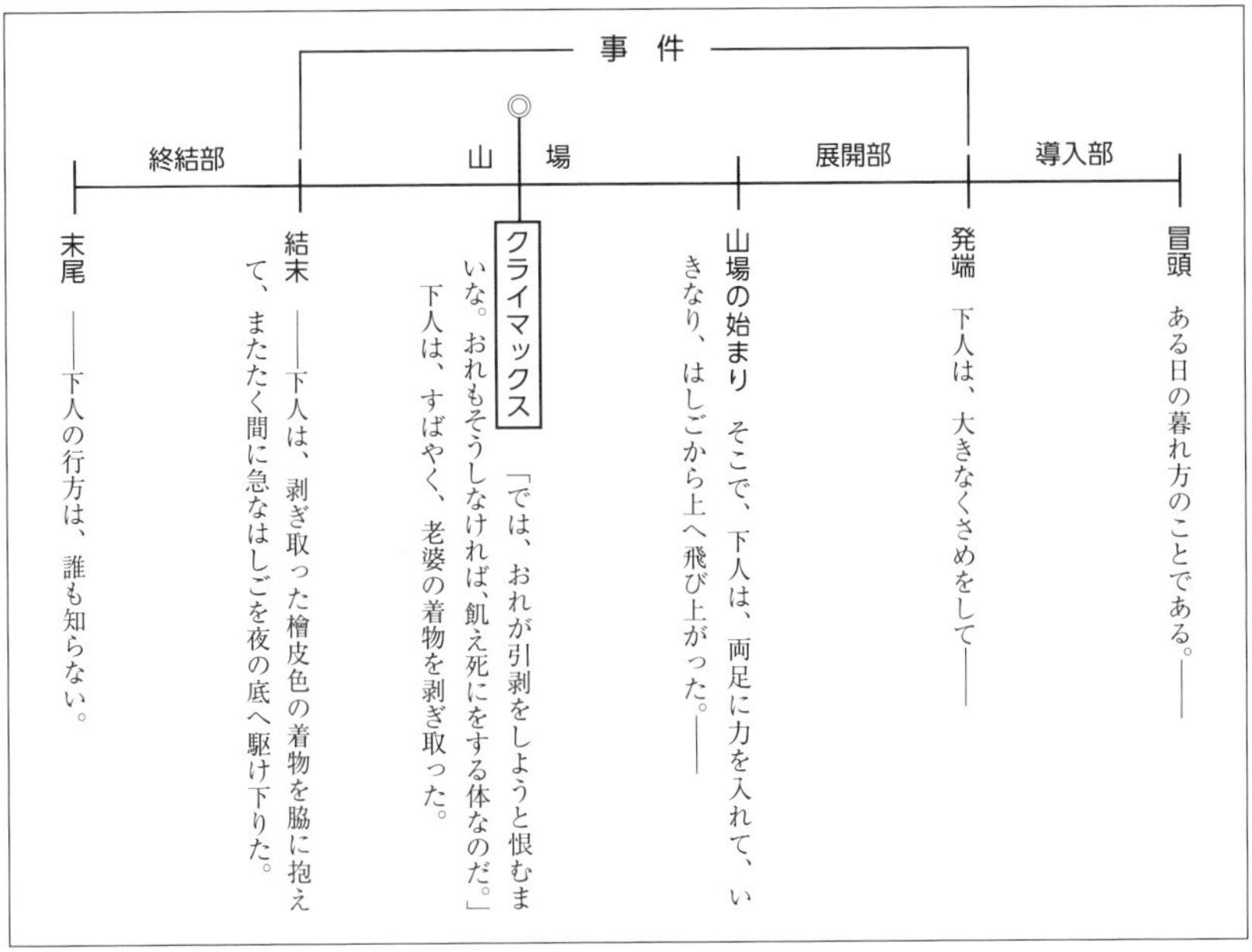

まず、時が読めるところを取り出してみる。「暮れ方」は昼と夜の境目であり、日没後の夜が迫り来る時刻であることがわかる。また、「仏像や仏具」を「薪の料」にして売っていたという箇所から、人々のすがるものがなくなり、規範が滅びた混沌の時代であることもわかる。「蟋蟀《きりぎりす》」が一匹しかいないということは、季節は晩秋に近いだろう。冬が来て、凍え死ぬ危険が近づいている。つまり、下人は、「暮れ方」や晩秋といった生と死の境目ぎりぎりに立たされているのである。

次に人物像である。下人は若く「Sentimentalisme《サンチマンタリスム》」と評される感傷的な人物、感情に浸る人物である。論理的・理論的でなく行動の背景に一貫した思想をもたない。それは次の箇所から読める（傍線・岸、以下同様）。

> 選ばないとすれば――下人の考えは、何度も同じ道を低徊したあげくに、やっとこの局所へ逢着した。しかしこの「すれば」は、いつまでたっても、結局「すれば」であった。下人は、手段を選ばないということを肯定しながらも、この「すれば」の片をつけるために、当然、その後に来たるべき「盗人になるよりほかに仕方がない。」ということを、積極的に肯定するだけの、勇気が出ずにいたのである。

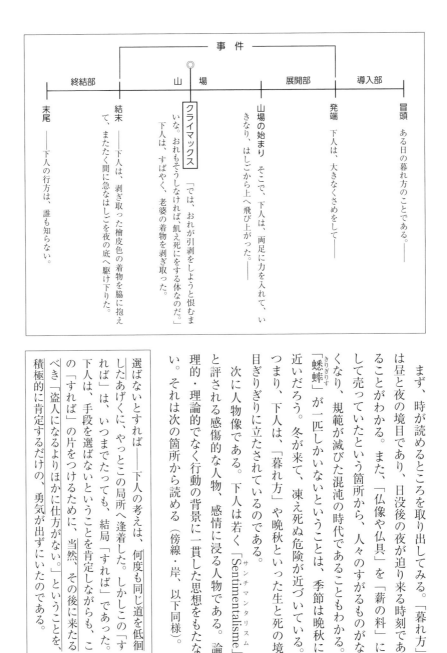

下人は「手段を選ばない」と頭では理解している。しかし、盗人になることを「積極的に肯定」はできず、行ったり来たりして「低徊」している。このような下人は臆病ともとれるし、生への執着が薄いのではとも思える。

このような生きるか死ぬかの極限状況におかれたことがない私たちには、下人の「低徊」は理解しがたいことのように思うかもしれない。生徒も、このような極限状況においても、盗人になる「勇気」を出せない下人を、理解できないとよく言う。しかし、コロナ禍において、ある種私たちは似た経験をしてきたともいえる。ある種、極限状態だからといって、なりふり構わずに振る舞うことが普通だろうか。そんなことはない。ためらうことは、ある意味、正常な判断であるともいえるだろう。

下人の「Sentimentalisme《サンチマンタリスム》」は、思想のない時代に確固たる意志をもてず、ためらい揺れる現代的な性格をもっている。そのため、語り手は「Sentimentalisme《サンチマンタリスム》」とフランス語で提示するのである。

また、「にきび」を読むことが大切だ。クライマックスで、下人は手を「にきびから離して」老婆の着物を剥ぎ取った。「にきび」は重要な伏線である。下人が思春期の象徴であるにきびを触るのは、手段を選ぶか選ばないか悩みを抱えているときである。逆に、にきびから手を離すのは、悩みを手放したときなのである。

「Sentimentalisme《サンチマンタリスム》」「低徊」「にきび」は、時と場の設定と響き合い境界で揺れる下人像を象徴している。これらが、この後の展開部・山場・終結部につながる伏線の最たるものである。

このように、導入部で鍵を取り出すことで、生きるために手段を選ぶか選ばないかの狭間で揺れる下人像という伏線を捉えることができる。境目（境界）とは、そのどちらでもないと同時に、どちらにも属するという両義性をもつ。下人は「飢え死に」「盗人」のどちらにもなりうる危うさを秘めているのである。

3　展開部の伏線「Sentimentalisme《サンチマンタリスム》」の発展

展開部は事件が発展するところである。読み研では、①事件の発展・②人物像の発展に着目し、鍵となる文を取り出す。ここでは、まず②人物像に着目したい。

すると、老婆を媒介して、激しく感情を揺さぶられる下人が見えてくる。導入部の「Sentimentalisme《サンチマンタリスム》」の発展である。特に、導入部で仕掛けられていた下人の迷いが、急転回する次の箇所である。

> それと同時に、この老婆に対する激しい憎悪が、少しずつ動いてきた。――いや、この老婆に対すると言っては、語弊があるかもしれない。むしろ、あらゆる悪に対する反感が、一分ごとに強さを増してきたのである。この時、誰かがこの下人に、さっき門の下でこの男が考えていた、飢え死にをするか盗人になるかという問題を、改めて持ち出したら、恐らく下人は、何の未練もなく、飢え死にを選んだことであろう。

しかし、急転回の原因を探ると、次の箇所にあるように、下人の考えの背後に、何ら論理性・思想はないのだ。

> 下人には、もちろん、なぜ老婆が死人の髪の毛を抜くかわからなかった。したがって、合理的には、それを善悪のいずれに片づけてよいか知らなかった。しかし下人にとっては、この雨の夜に、この羅生門の上で、死人の髪の毛を抜くということが、それだけで既に許すべからざる悪であった。もちろん、下人は、さっきまで、自分が、盗人になる気でいたことなぞは、とうに忘れているのである。

下人は何を根拠に老婆を悪とみなしたかというと、「それだけで既に許すべからざる悪であった」の「それだけ」に明快に表されているように、下人の善悪の基準は「この雨の夜に、この羅生門の上で、死人の髪の毛を抜くということ」に尽きている。つまり、下人は次のような身勝手な三段論法を使っているに過ぎない。

①大前提　「この雨の夜に、この羅生門の上で、死人の髪の毛を抜くということ」は「既に許すべからざる悪」である。

②小前提　この老婆は、「この雨の夜に、この羅生門の上で、死人の髪の毛を抜いている」。

③結論　よって、この老婆は「悪」である。

しかも、この思考法の「前提」はいつでも入れ替わる。前提が変われば、いとも簡単に下人の行動は変わるのである。

下人の行動の自己中心性であるが、下人の思想性のなさとも読める。「Sentimentalisme《サンチマンタリスム》」は下人独自の性格ではなく、（下人に名前がないことからも）規範なき時代を背景にもたざるを得なかった人間の典型的な性格であるともいえる。平安末期に象徴される規範の滅びた時代に生きる下人は、普遍的な思想をもてず、その時々で思想を取り替えていかざるを得ないのである。

このように、展開部の鍵となるのはまず下人の「Sentimentalisme《サンチマンタリスム》」の発展を取り出すことである。そして、その発展の原因を探ることで、揺れ動く下人の人物像の新しい一面が見えてくる。

4　展開部・山場の伏線　老婆

クライマックス付近、下人は再び急転回を遂げる。

> その時の、この男の心持ちから言えば、飢え死になどということは、ほとんど、考えることさえできないほど、意識の外に追い出されていた。
> 「きっと、そうか。」
> 老婆の話が終わると、下人はあざけるような声で念を押した。そうして、一足前へ出ると、不意に右の手をにきびから離して、老婆の襟上をつかみながら、かみつくようにこう言った。
> 「では、おれが引剥をしようと恨むまいな。おれもそうしなければ、飢え死にをする体なのだ。」
> 下人は、すばやく、老婆の着物を剥ぎ取った。

一つ目の傍線部から、下人は、生きることは絶対であるという考えに、支配されていることがわかる。では、下人の心はなぜこれほど変化したのか、原因を探る。

原因はもちろん老婆の話である。老婆の話では、生きるためなら悪事も許されるという正当化が語られている。しかし、一方で老婆は死人たちを「皆、それくらいなことを、されてもいい人間ばかり」と断定するが、実際に髪を抜くのは一人の女だけである。展開部で仕掛けられていたように、わざわざ「一つの顔をのぞき込むように」して、注意深く特定の女を探して髪を抜く老婆は、悪人になりきれない弱さをもっている。

「冷然と」「あざけるような声」という下人の行動に着目すると、生きることを正当化する老婆への賛美ではなく、いくら正当化しても悪人になりきれない老婆への嫌悪感が表れているとわかる。老婆にわざわざ「念を押して」、あえて反対の行動に出ることで、下人は老婆のありようを否定し、完全に悪人になるのである。

前述したように、前提となる思想をすり替えて、下人は変化していく。

①大前提「生きるための行動は許される」（老婆の話）
②小前提「生きるためには手段を選ばない」（導入部の下人）
③結論「選ばないとすれば、盗人になるしかない」

下人は、老婆のありようを前提とし、盗人になるという急転回を示す。しかし、この下人の急転回は最後ではないだろう。やはり下人は「Sentimentalisme《サンチマンタリスム》」のままであり、この後も変化する危うさをもっている。

下人は「またたく間に急なはしごを夜の底へ駆け下り」る。ここですべての伏線が回収される。「またたく間に」から劇的な下人の変容がわかる。「夜の底」から「暮れ方」を出て、下人は暗い出口のない闇へと突入している。導入部の雨やみを待つ下人にはない勢いがある。

5 おわりに

終結部には変容した下人の行方が暗示されている。

> 外には、ただ、黒洞々たる夜があるばかりである。
> 下人の行方は、誰も知らない。

「黒洞々たる夜」は「下人の行方は、誰も知らない」とも響き合い、洞穴のように先行きの見えない下人の未来が暗示されている。

「Sentimentalisme《サンチマンタリスム》」を根底にもたざるを得ない下人は、生きるために迷い続けてきた。その結果、手段を選ばず、なりふり構わず生きることを選択したが、その未来は暗いのである。「羅生門」の主題は人間が生きることをめぐる葛藤である。やや教訓めいた言い方をすれば、私たちは生きるための思想を持たなくてはいけない。

本稿では、「羅生門」のクライマックスにつながる伏線の取り出し方、分析の例を示すことを主眼とした。その伏線を解明する授業によって、子どもたちの論理力を文学作品を通して鍛えることができる。

注

（1）高等学校国語教科書『言語文化』二〇二二年、大修館書店

4　「じどう車くらべ」と「どうぶつの赤ちゃん」（ますいみつこ）〈小1〉の教材研究をきわめる

熊谷　尚（秋田県秋田市立牛島小学校）

1　「じどう車くらべ」「どうぶつの赤ちゃん」の文種

「じどう車くらべ」と「どうぶつの赤ちゃん」は、ともに光村図書の小学校1年生の教科書に長く掲載されている。どちらも子どもの興味・関心を惹く内容であるとともに、「問い→答え」のシンプルな構造で書かれており、本格的な三部構造の文章を学ぶ準備段階と位置付けられる小学校入門期の定番教材である。

これまでの説明的文章の授業では、文種とそれに伴う読み方の違いを意識することが少なかった。しかし、指導の質を高めていく上で、文種を見分けることは極めて重要である。小1の子どもに文種の違いを教えるかどうかは別にして、教師の教材研究として文種の見極めを行うことは不可欠である。

説明的文章は大きく二つの文種に分けることが有効である。すでに定説となっている事柄について、そのことをまだ知らない読者に向けわかりやすく説いていく「説明文」と、まだ定説がない事柄について、筆者の仮説や主張を論じていく「論説文」の二つである。

「じどう車くらべ」と「どうぶつの赤ちゃん」は、いずれも「説明文」に分類される。説明文は、すでに解明されている事柄を読者が理解しやすいように工夫して書かれているので、教材研究の際には文章構成や具体例、論理など説明の仕方の工夫に着目し、そのよさや不十分さ、わかりやすさやわかりにくさについて吟味していくことが大切である。

2　「じどう車くらべ」の教材研究

(1)「じどう車くらべ」の文章構造

　説明的文章を読む際は、まず文章全体を俯瞰的にとらえ、文章の構造の大枠をつかむことが有効である。文章構造は、「はじめ・なか・おわり」の三部構造が典型だが、小学校低学年の教材には、「はじめ」と「なか」のみの二部構造のものが多く見られる。この「じどう車くらべ」も、下記の構造表に示したように二部構造の文章である（□は段落番号）。

　「はじめ」には、「問い」が示され、それを受けて「なか」では、その「答え」が述べられる。「なか」は、さらに三つのまとまりに分けることができる。すなわち、「バスやじょうよう車」のことを述べた「答え1」、「トラック」のことを述べた「答え2」、「クレーン車」のことを述べた「答え3」である。

　ちなみに、光村図書の小学校1年生の教科書で子どもたちが最初に学ぶ「くちばし」という説明文では、「きつつき」「おうむ」「はちどり」のそれぞれのくちばしの形状と役割が、「問い→答え」をそれぞれ三回繰り返す形で説明されている。日常会話に近い。それに対し「じどう車くらべ」は、文章全体に係る大きな「問い」が先に示され、その後に三つの「答え」が述べられる。こちらは、一般的な説明文の書かれ方に近づいている。「くちばし」との比較で、「問い」と「答え」の関係を子どもたちに捉えさせ、「問い」を意識しながらその「答え」を見つけていく読み方ができるようにさせたい。

はじめ	なか		
問い	答え1	答え2	答え3
[1]前置き [2]それぞれのじどう車は、どんなしごとをしていますか。 [3]そのために、どんなつくりになっていますか。	バスやじょうよう車 [4]「しごと」 [5]「つくり①」「つくり②」	トラック [6]「しごと」 [7]「つくり①」「つくり②」	クレーン車 [8]「しごと」 [9]「つくり①」「つくり②」

　また、「くちばし」と「じどう車くらべ」の間にある「うみのかくれんぼ」では、同じ一つの「問い」と三つの「答

え」だが、問いが「なにがどのようにかくれているのでしょうか。」とシンプルなものである。それがこの「じどう車くらべ」では、「問い」が二つになり、なおかつそれら二つの問いに関係性がある。

(2)「じどう車くらべ」の論理関係

「なか」の三つのまとまりは、どれも二つの段落からなっている。

> 4 バスやじょうよう車は、人をのせてはこぶしごとをしています。
> 5 そのために、ざせきのところが、ひろくつくってあります。そとのけしきがよく見えるように、大きなまどがたくさんあります。
> 6 トラックは、にもつをはこぶしごとをしています。
> 7 そのために、うんてんせきのほかは、ひろいにだいになっています。おもいにもつをのせるトラックには、タイヤがたくさんついています。
> 8 クレーン車は、おもいものをつり上げるしごとをしています。
> 9 そのために、じょうぶなうでが、のびたりうごいたりするように、つくってあります。車たいがかたむかないように、しっかりしたあしが、ついています。

一つ目の段落でその車の「しごと」について述べ、二つ目の段落でその車の「つくり」について述べている。

「なか」を読みとる際は、まず、「はじめ」にある二つの「問い」との対応で、「しごと」と「つくり」を区別して読みとらせる。その上で、「しごと」と「つくり」の関連性について考えさせたい。それぞれの車は、その「しごと」をよりよくこなすために、それに合った「つくり」になっているのである。「『しっかりしたあし』と書いてあるけれど、それは挿絵のどの部分に当たるのですか。」というように、文章と挿絵を結び付ける問いかけをするとよい。挿絵を効果的に活用することで、内容の理解をより確かなものにしていくことができる。そして、一つ目の段落と二つ目の段落をつないでいる接続語「そのために」に着目させ、論理的な述べ方になっていることをとらえさせたい。

(3)「じどう車くらべ」の文章吟味

この文章は、読者にとって大変わかりやすい書かれ方になっている。「はじめ」にある二つの「問い」にしっかりと対応させて、「なか」の三つのまとまりで「答え」

を書いている。しかも、三つのまとまりとも「しごと」→「そのために」→「つくり」という同じパターンで書かれているので、内容を把握しやすいというよさがある。

　吟味の観点として、「なか」の三つのまとまりの順序性に着目することも考えられる。三つのまとまりは並列の関係にあり、順序を入れ替えたとしても、文章として支障はない。なぜ筆者はこの順序にしたのか。

　子どもにとってより身近なバスや乗用車から説明を始めることで、読者を惹きつけている。読者である子どもたちが実際に乗ったことがある対象で理解しやすいということもある。その次に乗ったことはないとしても、よく見ることがあるトラックを取り上げる。そして、人やものを「はこぶしごと」をしている車に対して、ものを「つり上げるしごと」をしているクレーン車を最後に取り上げる。それまで説明してきた車とは、「しごと」の中身が全く異なる。また、実際にそう度々目にする車でもない。「なぜ最初はバスや乗用車なのか。」「クレーン車を最後にしたのはなぜか。」といった問いは、小学校1年生の子どもにとっても考えてみたくなる問いであり、「深い学び」をもたらす優れた問いであるといえよう。

3　「どうぶつの赤ちゃん」の教材研究

(1)「どうぶつの赤ちゃん」の文章構造

「どうぶつの赤ちゃん」の文章構造は次のとおりである（□は段落番号）。

はじめ	なか	
問い	答え1	答え2
1【問い①】どうぶつの赤ちゃんは、生まれたばかりのときは、どんなようすをしているのでしょう。 【問い②】そして、どのようにして、大きくなっていくのでしょう。	ライオンの赤ちゃん 2生まれたときの様子【問い①に対応】 3移動の仕方（親に運んでもらう） 4食物の摂り方の移り変わり 【問い②に対応】	しまうまの赤ちゃん 5生まれたときの様子【問い①に対応】 6移動の仕方（自分で立って走る） 7食物の摂り方の移り変わり 【問い②に対応】

「はじめ」は、これから何について述べるのかを読者に示す役割をもつ場合が多い。この文章では、「問い」の形で二つの問題提示がなされている。「なか」では、「はじめ」で示した話題や問題について詳しく説明される。この文章の「なか」は、「ライオンの赤ちゃん」のことを述べた「答え1」と、「しまうまの赤ちゃん」のこと

を述べた「答え2」の二つのまとまりに分けられる。

「じどう車くらべ」も「どうぶつの赤ちゃん」も二部構造の文章であるが、「どうぶつの赤ちゃん」は「じどう車くらべ」に比べ長文であるだけでなく、その書かれ方がより高度になっている。「どうぶつの赤ちゃん」は、「ライオン」と「しまうま」が対比の関係になっている点に注目する必要がある。強いと思われているライオンの赤ちゃんが弱々しく、弱いと思われているしまうまの赤ちゃんが強いという対比的な関係である。

(2)「どうぶつの赤ちゃん」の論理よみ

ここでの「論理よみ」は、「なか」の「答え1」と「答え2」の書かれ方（論理構造）に共通性があることを発見することに主眼を置きたい。

それぞれの一番目の段落（2と5）では、「問い①」に対応して、生まれたときの様子が述べられている。しかも、「大きさ→目や耳の様子→お母さんに似ているか否か」というように、説明の順序も統一されている。それぞれの二、三番目の段落（3・4と6・7）では、「問い②」に対応して、大きくなっていく様子が述べられている。


2ライオンの赤ちゃんは、生まれたときは、子ねこぐらいの大きさです。目や耳は、とじたままです。ライオンは、どうぶつの王さまといわれます。けれども、赤ちゃんは、よわよわしくて、おかあさんにあまりにていません。

3ライオンの赤ちゃんは、じぶんではあるくことができません。よそへいくときは、おかあさんに、口にくわえてはこんでもらうのです。

4ライオンの赤ちゃんは、生まれて二か月ぐらいは、おちちだけのんでいますが、やがて、おかあさんのとったえものをたべはじめます。一年ぐらいたつと、おかあさんやなかまがするのを見て、えもののとりかたをおぼえます。そして、じぶんでつかまえてたべるようになります。

5しまうまの赤ちゃんは、生まれたときに、もうやぎぐらいの大きさがあります。目はあいていて、耳もぴんと立っています。しまのもようもついていて、おかあさんにそっくりです。

6しまうまの赤ちゃんは、生まれて三十ぷんもたたないうちに、じぶんで立ち上がります。そして、つぎの日には、はしるようになります。だから、つよいどうぶつにおそわれても、おかあさんやなかまといっしょににげることができるのです。

7しまうまの赤ちゃんが、おかあさんのおちちだけのんでいるのは、たった七日ぐらいのあいだです。そのあとは、おちちものみますが、じぶんで草もたべるようになります。

3と6では、移動の仕方の対照的な違いが、4と7では、食物の摂り方の対照的な違いが説明されている。

「はじめ」の「問い」を意識し、「問い」に照応させながら「答え」を読み取ることで、「なか」の部分が極めて論理的ですっきりとした書かれ方になっていることをとらえさせたい。それが「吟味よみ」につながる。

(3) 「どうぶつの赤ちゃん」の吟味よみ

「吟味よみ」には、文章の優れた点や工夫を発見する「評価的吟味」と、文章の不十分な点や問題点を発見する「批判的吟味」の両面があるが、小学校低学年の段階では、まずは前者に重きを置きたい。「文章のよいところを見つけよう」という投げかけは、子どもの知的好奇心を触発し、主体的な読み手を育てることにつながる。

「どうぶつの赤ちゃん」では、構造上の「対比」の工夫についてぜひ考えさせたい。たくさんいる動物の中で、筆者が「ライオン」と「しまうま」を選んで取り上げたのはなぜだろうか。肉食獣の代表として「ライオン」を、草食獣の代表として「しまうま」を取り上げ対比させているのだが、その対比は単純なものではない。「ライオンの赤ちゃん」は、「子ねこぐらいの大きさ」で「じぶんではあるくことができ」ない。一方の「しまうまの赤ちゃん」は、「やぎぐらいの大きさ」で、「三十ぷんもたたないうちにじぶんで立ち上が」るのである。食う⇔食われるの関係にある両者だが、赤ちゃんのころは、百獣の王と呼ばれる「ライオン」の方が小さく弱々しく、逆に「しまうま」の方が大きくしっかりしている。この対比は、読者である子どもにとって意外性があり、興味を惹く内容である。

先に「ライオン」の説明をし、その後に「しまうま」の説明をしたのにも何か理由がありそうだ。「ライオン」のことを知った上で「しまうま」のことを読むからこそ、読者として驚きが増幅する可能性が高い。その順序も工夫の一つといえる。

参考文献

「読み」の授業研究会『国語力をつける説明文・論説文の「読み」の授業』二〇一六年、明治図書

科学的『読み』の授業研究会編『国語授業の改革12 「言語活動」を生かして確かな「国語の力」を身につけさせる』二〇一二年、学文社

5　「ありの行列」（大滝哲也）〈小3〉の教材研究をきわめる

永橋　和行（京都府・立命館小学校）

1　「ありの行列」の文種

「ありの行列」（大滝哲也）は、ウイルソンの仮説をもとに、実験・観察・研究を通して、ありの行列ができるわけを明らかにしている文章である。全9段落からなる展開型の論説文である(1)。

論説文であるため、筆者が自らの仮説を述べ、それを論証していく文章である。論証をしているとはいえ、仮説である以上、読者がすぐに納得するかはわからない。そのためできるだけ説得力のある論証をしようとする。

教材研究をする場合は、まずは仮説部分と論証部分がどこにあるかを確認することが大切である。その上で、その論証過程にはどういう特徴があるかを見極める。そしてそのよさあるいは弱点を吟味する。「ありの行列」でもその点を重視して教材研究を行う。ただし、この教材は筆者の大滝のものではない、ウイルソンの仮説と論証を大滝が代弁するかたちになっている。

2　「ありの行列」の構造

まず「ありの行列」を構造→論理関係→吟味の順序で教材研究していく。これは、説明的文章の指導過程と重なる。教材研究でも基本的にその過程を踏んで行う。

まずは構造からである。説明的文章の典型構造は「はじめ（序論）―なか（本論）―おわり（結び）」の三部である。三部に分けることを通して、文章全体の論理の流れを大づかみにすることができる。論説文の場合は、構造の検討で、特に仮説と論証の関係を俯瞰していくことが重要である。なお「はじめ」には、多くの場合、問い（問題提示）が書かれている。論説文では結論が書かれていることもある。「なか」には、問いを受けた説明や論証・考察が書かれている。この文章では実験に基づく論証とめや結論が書かれている。「おわり」には、文章全体のまとめや結論が書かれている。なお「なか」は、そのまとまりごとに〈なか1〉〈なか2〉などと分けていく（以下、段落番号□、文番号○は永橋による）。

「ありの行列」の「はじめ」は、次の1段落である。

> 1①夏になると、庭や公園のすみなどで、ありの行列を見かけることがあります。②その行列は、ありの巣から、えさのある所まで、ずっとつづいています。③ありは、ものがよく見えません。④それなのに、なぜ、ありの行列ができるのでしょうか。

④文に「なぜ、ありの行列ができるのでしょうか。」と問題提示がある。

「ありの行列」の「おわり」は、次の9段落である。

> 9このように、においをたどって、えさの所へ行ったり、巣に帰ったりするので、ありの行列ができるというわけです。

「はじめ」の問題提示に対応する実験・観察・研究から導き出された仮説（結論）が示されている。

「なか」は2～8段落である。「なか」は、ウイルソンがありの行列のできるわけを見つける過程が述べられている。ここは二つに分けられる。「実験・考察」と「研究」である。二つの実験（3・4段落）を示し、その結果から中間的な仮説（5段落）を示すまでが「なか1」となる。「なか2」で、自分の仮説を確かなものにするために、ウイルソンは研究を進め、ありがおしりから特別の液を出すことを突きとめる。大切なことは、実験の考察から研究に進み、わけ（仮説）を発見したという流れの把握である。

説明的文章の〈なか1〉〈なか2〉……に着目する際に、もう一つ判断すべき大切な要素がある。それは、それらの相互の関係である。たとえば、「すがたをかえる大豆」（国分牧衛）のような説明文は、それらが並列の関係になっている。しかし、この「ありの行列」は並列ではなく、〈なか1〉の結果に基づいて〈なか2〉の研究を行っていくという展開型になっている。これは別の切り口から見ると、〈なか1〉の一つ目の実験だけでは不十分であるとウイルソンは考え、二つ目の実験つまり〈なか2〉に進んだことになる。これを意識しておくと、この後の論理や吟味の読みが鋭くなる。授業でも子どもたちにその区別ができるように指導することが大切である。

ありの行列の構造は、次のようになる。

はじめ	なか		おわり
[1]	[8]－[2]		[9]
	[5]－[2]	[8]－[6]	
	なか1	なか2	
問題提示　なぜありの行列ができるのか	石をつかった二つの実験と考察	においについての研究	仮説（答え）においをたどるのでありの行列ができる

3 「ありの行列」の論理関係

次に説明的文章の論理関係を読んでいく。その際に、一つ着目するのが、「柱」である。柱という用語は比喩だが、〈なか1〉〈なか2〉などを統括する段落、さらにその段落を統括する文のことである。その部分をまとめているともいえる。そこに着目しつつ、柱の段落・文と柱以外の段落・文との論理関係を把握していく（柱に着目しないでもある程度までは論理関係の把握はできるが、時間ばかりがかかり見えてくるものはわずかである）。

柱と柱以外の関係には、たとえば柱以外が柱を「くわしく説明」している。柱以外が柱の「例を示している」、柱以外が柱の「理由」を述べているなどがある。

(1) 〈なか1〉の柱の段落とそれ以外の段落の論理関係

〈なか1〉は2段落から5段落だが、柱の段落は次の5段落である。

> [5]これらのかんさつから、ウイルソンは、はたらきありが、地面に何か道しるべになるものをつけておいたのではないか、と考えました。

2段落で、「次のような実験をして」とあり、具体的な内容を3段落（実験1）と4段落（実験2）で述べている。5段落冒頭の「これら」が示しているのが、実験1と実験2である。そして5段落が、実験からウイルソンが考えたこと、つまり考察が書かれている。また、考察であると同時に〈なか1〉のまとめでもある。

3・4段落では、それぞれの段落内の接続語が時間の順序で述べられている。

3段落は「しばらくすると」一ぴきのありがさとうを見つける→「やがて」巣に帰る→「すると」たくさんのありが出てくる→「そして」列を作りさとうまで行く—となる。4段落は、「すると」行列はちりぢりになる→「ようやく」一ぴきのありが、道のつづきを見つける→「そして」さとうに向かって進む→「そのうちに」他のありも道を見つける→「まただんだんに」ありの行列ができていく。—となる。右を段落関係図にすると下記となる。

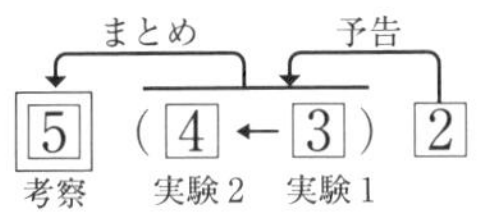

なか１　段落相互の論理関係図

〈なか1〉の要約は、次のとおりである。

ウイルソンは、二つの実験とかんさつから、ありが何か道しるべになるものをつけておいたと考えた。（46字）

（2）〈なか2〉の柱の段落とそれ以外の段落の論理関係

〈なか2〉は6段落から8段落だが、柱の段落は次の8段落である。

> 8はたらきありは、えさを見つけると、道しるべとして、地面にこのえきをつけながら帰るのです。他のはたらきありたちは、そのにおいをかいで、においにそって歩いていきます。そして、そのはたらきありたちも、えさを持って帰るときに、同じように、えきを地面につけながら歩くのです。そのため、えさが多いほど、においが強くなります。

6段落は、ウイルソンの考えを確かめるため、ありの体の仕組みを研究したことが述べられている。その中身が8段落で述べられている。

6段落は次のようになっている。

6そこで、ウイルソンは、はたらきありの体の仕組みを、細かに研究してみました。すると、ありは、おしりのところから、とくべつのえきを出すことが分かりました。それは、においのある、じょうはつしやすいえきです。

右を段落関係図にすると下記のようになる。〈なか2〉の要約は、次のとおりである。

ありは、えさを見つけると、地面にえきをつけながら帰り、他のありたちは、そのにおいにそって歩くから、ありの行列ができる。（59字）

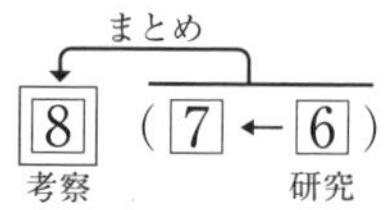

なか２　段落相互の論理関係図

(3) なか1となか2の論理関係

〈なか1〉では「二つの実験」が示され、その実験をもとに「ありが道しるべになるものをつけておいたのではないか」と考察を行っている。そして〈なか2〉では、その考察を確かめるために「ありの体を調べる」研究を行い、そこから「ありの行列ができる理由」＝「においによる道しるべ」を導き出している。つまり〈なか1〉→〈なか2〉を通して筋道だったウイルソンの推理の展開を示すことで、読者は推理の流れを追体験するのである。それによって実験による論証の説得力を増している。つまりは読者の納得感が増すことにつながっている。

4 「ありの行列」の吟味

教材研究の最後に文章を吟味することが重要である。これまで読んできた構造や論理を、再読し文章を相対化（メタ的にみる）し、評価する読みのことである。文章に主体的に向き合うことで、思考力、創造力、判断力を育むことができる。

(1) この文章の工夫・特長

この文章は、ウイルソンの二つの実験と研究がきわめて具体的に書かれている。一つ一つの実験の過程が時間の順序に沿って詳しく記されている。研究はそこまでの詳しさではないものの、それなりの具体性はある。

実験と研究も、それぞれがそれらに基づく考察を示している。また、前半の実験と研究の関係も明確で必然性がある。まず「実験1→実験2と→それらに基づく考察」。そして、それを前提とした「研究→考察」という流れの丁寧さである。そのことで、筋道だった推理の展開が読者によく伝わっている。つまり読者の納得感が増す。科学的な推理を行う時は、実験と考察、研究と考察などを筋道立てて組み立てていくことが大切であるということがわかる。

特に〈なか1〉の実験を一つ目だけで終わらせずに、二つ目を行ったことは重要である。

(2) この文章でややわかりにくい点

実験1と実験2は続けて書かれ、その後に「考察」が示されている。しかし実際にはウイルソンは実験1の結果をもとに何かを考察し、それを確かめるために実験2を行ったはずである。しかし、実験1のあとにウイルソンの考察が書かれていないため、実験2の意味がつかみにくくなっている。

おそらく実験1では、ありたちが穴から出てきた時点ですでに行列になっていて、そのまま行列を維持しているという可能性も捨てきれないということなのだろう。だからやや視力が弱くても何とか仲間を認識できていた。それを実験2で石によって一度ばらばらにすることで、視力以外の可能性が高くなったということなのであろう。しかし、その記述は全くない。

注

(1) 小学校国語教科書『国語三下』二〇二〇年、光村図書

参考文献

阿部昇「教材研究と発問のポイント『ありの行列』」国語授業の研究ノート(ホームページサイト)https://kokugonote.com/

「読み」の授業研究会・関西サークル編『小学校国語科「言葉による見方・考え方」を鍛える説明文・論説文の「読み」の授業と教材研究』二〇二〇年、明治図書

6　「『鳥獣戯画』を読む」（高畑勲）〈小6〉の教材研究をきわめる

熊添　由紀子（福岡県八女市立見崎中学校）

「『鳥獣戯画』を読む」は、アニメーションの映画監督高畑勲が二〇一二年に教科書のために書き下ろした文章である。[1]「非連続テキスト」の絵巻物と「連続テキスト」の文章を対応させているのが、大きな特徴である。

1　「『鳥獣戯画』を読む」の文種

説明的文章では、まず文種を決定する。説明的文章は、すでに定説となっていることを読者に伝える説明文と、筆者の仮説・主張を論証する論説文に分かれる。「『鳥獣戯画』を読む」は、仮説を述べ論証をしているので論説文である。論説文であると把握することによって、この文章で何をこそ解明しなければいけないかが明確になる。

その上で構造→論理→吟味と読みを進める。構造の読みで「序論・本論・結び」という典型構造を手がかりに文章を大づかみする。その上で「仮説」と「論証」の箇所を大づかみする。そして、仮説をどういう手順、どういう構造で論証しているかを俯瞰する。論理の読みでは、柱の段落・柱の文に着目しながら、仮説がどのような論理展開で論証されているかを読む。吟味では、仮説の論証の良さと不十分さを検討する。

2　「『鳥獣戯画』を読む」の構造の読み

(1)　序論・本論・結びを指標に構造を読む

「『鳥獣戯画』を読む」には、序論がない。問題提示や仮説（結論）を述べている部分がはじめにない。強いて言えば題名「『鳥獣戯画』を読む」が話題提示となっていると読める。この文章は次のように始まる。

> はっけよい、のこった。秋草の咲き乱れる野で、蛙と兎が相撲をとっている。蛙が外掛け、すかさず兎は足をからめて返し技。その名はなんと、かわず掛け。おっと、蛙が兎の耳をがぶりとかんだ。この反則技に、たまらず兎は顔をそむけ、ひるんだところを蛙が――。

この1段落から具体的な絵の描写に入る。それが2段落でも続き、3段落で「この絵は、『鳥獣人物戯画』甲巻、通称『鳥獣戯画』の一場面。」となる。

つまり1段落から本論に入っている。そのまま本論が続き、最後の9段落で総括的な結論（仮説）が示され文章が終わる。「『鳥獣戯画』は、だから、国宝であるだけでなく、人類の宝なのだ。」が9段落の最後の文だが、これが仮説である。この文章には仮説が複数あるが、これが中心的な仮説となる。したがって結びは9段落となる。本論は1段落から8段落になり、それらは四つに分かれる。

本論1は1～4段落である。1～2段落では蛙と兎が相撲で絡み合う一枚目の絵について述べる。それを受け3段落では、作品紹介と『鳥獣戯画』が「漫画の祖」と言われていることを紹介する。3段落の最後に「ぱっとページをめくってごらん。」と読者を誘い、4段落で一枚目の絵から二枚目の絵に行くことで、蛙や兎たちが動いているように見えることを指摘する。そしてその動きの仕掛けから、この絵が「アニメの祖」であるという仮説を提示する。

本論2は5～6段落である。ここでは、蛙が兎を投げ飛ばした瞬間の二枚目の絵について、丁寧な描写と考察をしている。本論2から描写する絵が変わっている。ここでは、「漫画のふき出し」のような線があること、蛙や兎たちが「和気あいあいとした遊び」をしていることを指摘する。これらも仮説といえる。

本論3は、7段落である。ここでは一枚目と二枚目の二つを取り上げ、相撲を見物している兎たちや蛙たちについての描写と考察をしている。ただし、ここでは「次々と時間が流れていること」を指摘し、さきほどの「アニメの祖」であることの論証を強化している。

第8段落は『鳥獣戯画』にかかわる絵巻の歴史である。その構造を表にすると次頁のようになる。

本論				結び
8—1				9
4—1	6—5	7	8	
本論1	本論2	本論3	本論4	
相撲の一枚目の絵の描写と考察 一枚目と二枚目の絵の関係 — 仮説Ⅰ	相撲の二枚目の絵の描写と考察 — 仮説Ⅱ	相撲を見物している兎や蛙の描写と考察	絵巻の歴史	「鳥獣戯画」は人類の宝 — 仮説Ⅲ

(2)「仮説」と「論証」の箇所を大づかみにする

論理の読みを生かしつつ、仮説の箇所を確認する。仮説は次の三つである。

【仮説Ⅰ】4段落④文（本論2）

「『鳥獣戯画』は、漫画だけでなく、アニメの祖でもあるのだ。」

【仮説Ⅱ】6段落⑩文（本論3）

「あくまでも和気あいあいとした遊びだからにちがいない。」

【仮説Ⅲ】9段落⑥文（結び）

「『鳥獣戯画』は、だから、国宝であるだけでなく、人類の宝なのだ。」

「鳥獣戯画」を「漫画の祖」と指摘しているのは、筆者だけではない。しかし「アニメの祖」という見方は筆者独自のものである。だから仮説Ⅰである。

「鳥獣戯画」を「人類の宝」と断言するのも、筆者独自といってよい。それもただ一般論を述べるだけでなく、具体的な論証を伴った認定である。仮説Ⅲである。

仮説Ⅱの「和気あいあい」は、一見仮説でないようにも思える。しかし、「鳥獣戯画」については、当時の寺院相互の争いを戯画化したものという解釈をする美術家もいる。すべてが「和気あいあい」と見ているわけではない。仮説Ⅱといってよい。

仮説Ⅰの「アニメの祖」の論証は、本論1（1〜4段落）や本論3（7段落「次々と時間が流れている」）が主に担っている。仮説Ⅲは、この文章全体で論証している。仮説Ⅱについては、「和気あいあい」がある6段落の「目も口も笑っている」などが論証に当たる。

3 「『鳥獣戯画』を読む」の論理関係
― 本論1（1〜4段落）の論理関係と論証

論理の読みでは、本論1・本論2……それぞれ柱の段落・柱の文に着目する。そして、柱とそれ以外の段落・文の関係をつかむ。その上でそれらがどう仮説を論証しているかを読む。

ここでは、本論1に絞って検討をしていく。

本論1で示される仮説は、右で述べたとおり「『鳥獣戯画』は、漫画だけでなく、アニメの祖でもあるのだ。」だから、その4段落が柱の段落となる。柱の文は、仮説を含む④文である。4段落は次のとおりである。

> 4 ①どうだい。②蛙が兎を投げ飛ばしたように動いて見えただろう。③アニメの原理と同じだね。④『鳥獣戯画』は、漫画だけでなく、アニメの祖でもあるのだ。⑤漫画ならコマ割りをすればいいし、紙芝居でも、こんなふうに絵をさっと引きぬけば、同じことができる。⑥それぞれ手法はちがうけれど、どれも、動きを生み出したり、場面をうまく転換したりして、時間を前へと進めながら、お話を語っていく。⑦それを、『鳥獣戯画』などの絵巻物では、長い紙に絵を連続して描くことでやった。⑧この二枚の絵も、本当はつながっているのを、わかりやすいように、わざと切りはなして見てもらったのだ。⑨実際に絵巻物を手にして、右から左へと巻きながら見ていけば、取っ組み合っていた蛙が兎を投げ飛ばしたように感じられる。

重要なのは、どう論証しているかである。4段落の②文「蛙が兎を投げ飛ばしたように動いて見えただろう。」や4段落⑨文「実際に絵巻物を手にして、右から左へとまきながら見ていけば、取っ組み合っていた蛙が兎を投げ飛ばしたように感じられる。」が論証の核となる。もちろん1段落や2段落の絵の描写と考察も、漫画やアニメの要素とつながる。2段落⑧文「本当の兎や蛙たちが、今ひょいと立って遊び始めたのだとしか思えない。」などである。1段落③文の「すかさず兎は足をからめて返し技。」などの描写も論証の一部である。

本論1の論理関係図は、下記のとおりである。

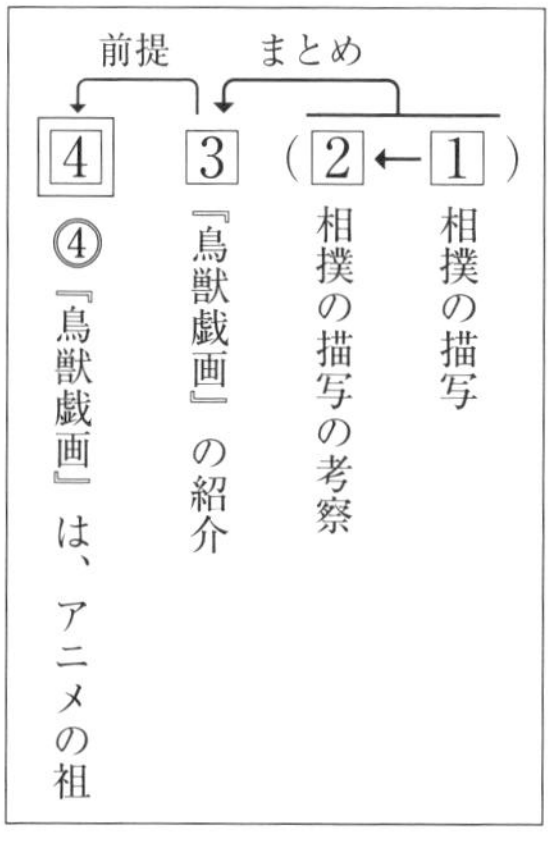

4　「『鳥獣戯画』を読む」の文章吟味

文章吟味では、これまでの構造の読み、論理の読みを踏まえ再度文章をふりかえり、文章の工夫点・優れた点とわかりにくい点・不十分な点を見つけていく。前者を「評価的吟味」、後者を「批判的吟味」という。

ここでは、大きく三点について評価的吟味を述べる。

(1)「仮説Ⅰ」の論証の工夫

論理の読みで述べたように『鳥獣戯画』が「アニメの祖」であることを本論1（1〜4段落）や本論3（7段落）で論証している。最初からオリジナルの形の絵巻物として示さないで、連続する二枚の絵を「わかりやすいように、わざと切りはなして」示す。それも二枚の絵を見やすいように奇数頁に配置しめくらせることで、動いて見えることを体験させている。その上で本論3で本来の形である絵巻に戻して「右から左へと時間が流れていく」ことがアニメの原理と同じであることを述べている。

また、2段落⑧文「今ひょいと立って遊び始めたのだとしか思えない」などによって「アニメの祖」であることを補強している。

(2)　5段落の問い→答えの論理とレトリック

本論2の5段落には、読者の納得を導き出すための論理とレトリックの工夫がある。

> 5①もう少しくわしく絵を見てみよう。②まず、兎を投げ飛ばした蛙の口から線が出ているのに気がついたかな。③いったいこれはなんだろう。④けむりかな、それとも息かな。⑤ポーズだけでなく、目と口の描き方で、蛙の絵には、投げ飛ばしたとたんの激しい気合いがこもっていることがわかるね。⑥そう、きっとこれは、「ええい！」とか、「ゲロロッ」とか、気合いの声なのではないか。⑦まるで漫画のふき出しと同じようなことを、こんな昔からやっているのだ。

初めに蛙の口から出る線という一点に焦点化する。次いで「いったいこれはなんだろう。」と読者に問いかける。その上で「けむりかな、それとも息かな。」と選択肢を与える。読者の思考を促す仕掛けである。さらに「激しい気合いがこもっていることがわかるね。」と助言する。そこでやっと「これは、『ええい！』とか、『ゲロロッ』とか、気合いの声なのではないか。」と答えを出す。

極論すれば初めから⑥文の答えを示すだけでも伝わ

る。しかし、焦点化→問い→選択肢→助言（ヒント）→答え——という手順を踏んでいる。それによって、読者の強い納得を導き出すことを狙っている。周到な仕掛けである。

(3) 読者を引き込む表現の工夫

読者の共感と納得を引き出すためのさまざまな表現の工夫が随所に散りばめられている。

1段落には実況中継のような書き出しで、読者を引き込む工夫がされている。①文「はっけよい、のこった。」、③文「蛙が外掛け、すかさず兎は足をからめて返し技。」、⑤文「おっと、蛙が兎の耳をがぶりとかんだ。」などである。

また、体言止めによって文章がリズミカルになる。1段落③文「すかさず兎は足をからめて返し技。」、④文「その名はなんと、かわず掛け。」、6段落①文「もんどりうって転がった兎の、背中や右足の線。」、2段落①文「その気品。」、2段落④文「白い冬毛の北国の野ウサギ。」などがある。

読者に呼びかけたり問いかけたりする表現も多い。3段落⑧文「ためしに、ぱっとページをめくってごらん。」、4段落①②文「どうだい。蛙が兎を投げ飛ばしたように動いて見えただろう。」、5段落②文「まず、兎を投げ飛ばした蛙の口から線が出ているのに気がついたかな。」、③文「いったいこれはなんだろう。」などである。

「『鳥獣戯画』を読む」は筆者の三つの仮説の論証が説得力をもって述べられている。同時に読者が興味をもって読める文章にもなっている。

注

(1) 教材本文は、小学校国語教科書『国語六』二〇二〇年、光村図書による。

参考文献

「読み」の授業研究会『国語力をつける説明文・論説文の「読み」の授業』二〇一六年、明治図書

1　『徒然草』「高名の木登り」と「ある人、弓射ることを習ふに」の1時間の授業記録

阿部　昇（秋田大学名誉教授）

日時　二〇一五年一〇月二八日・5校時
学級　秋田大学教育文化学部附属小学校5年B組
　男子14名　女子16名　計30名
授業者　大庭　珠枝　先生
※教材は一二二頁。記録中の枠囲みは阿部のコメント。

1　授業の導入・学習課題の確認

（黒板に本時の学習課題「説得力をもたせる書き方のひみつは何か。―共通するものを中心に」が書かれている。補助黒板には「高名の木登り」と「ある人、弓射ることを習ふに」の本文全文が大きな文字で掲示されている。）

（子どもは、4人または3人で机を合わせグループを作っている。全部で八つのグループである。）

子ども　気をつけ、これから5時間目の学習を始めます。

教師①　さて。ではみんなでもう一回元気な声で音読をしましょう。立ってください。はい、では木登りの方からいきましょうね。高名のから、さんはい。

（子どもたち、立って全員で音読を始める。）

教師②　上手ですね。では弓の方も。さんはい。

（子どもたち、音読を再開する。音読が終わる。）

教師③　素晴らしいです。座りましょう。黒板を見てください。今日の問題もう一回確認しましょう。

（「説得力をもたせる書き方のひみつは何か。」を一斉読。）

教師④　今の三倍の声でどうぞさんはい。

（二回目の一斉読。子どもたちの声がいつもより小さかったので再度読むことを促した。）

教師⑤　今日は、二つのお話に共通する点を見つけま

しょう。でも片方のことでもいいよ。もう自分で見つけた秘密はノートに書きましたね。すぐ話し合いに入りたいと思うんですが、先生が思っていた以上に皆さん、いっぱい見つけてくれました。大事なひみついっぱいあるんだけど、これとこれとこれはぜひみんなに伝えたいなっていうもの三つぐらいに絞ってほしいんです。5分でいきます。では、これはすごく大事だなってひみつを三つにしぼりましょう。はいどうぞ。

学習課題は前時に子どもと教師で設定してある。それを子どもは家庭学習で事前に考えノートに記し、教師に提出している。探究型授業では授業のはじめに学習課題を設定し自力思考に入ることが多いが、前時に課題を確認し事前に考えさせておく方法も有効である。

2　読者意識の発見とカギ括弧の効果への気づき

【ここからグループの話し合い】

〈1班の話し合い〉

子ども　例を書いている。

子ども　どうしてそれがいいの？

子ども　例を書いていればわかりやすいから。

子ども　それとつなげて、どちらの話も例を二つ挙げていて強く何回も言っているから、説得力をもたせられるなと思いました。次ありますか、由紀子さん。

子ども　私は似ている経験が二個もあるから、自分たちは納得できるということと、どちらも例1・考え・例2となっているから説得力をもたせられると思います。

子ども　例を挙げて想像しやすいからわかりやすいいんじゃない？

子ども　例が二つあって一つより二つのほうがわかりやすいじゃん。あと、何が出たっけ？

子ども　あとは例から、考え、例2ってなってる。

子ども　考えが書かれているっていうこと？

子ども　じゃあ考えが書かれているということも入れて、例と考えと……。考えを入れることで何がいいんだろう？

子ども　読者の人が共感できる？

子ども　読者の人がなるほどって思ったり、そんなふうに思える。

（中略）

子ども　これ（例1のこと）をこれ（考えのこと）で深めるでしょ。さらにそれで例を挙げればもっと納得させてもらえるから。

子ども　例と考えを言ってから、最後に流れ、順序を説明すればいいんじゃない？

子ども　ここで深めてからの例、それを（学級全体に）言って。

〈4班の話し合い〉

子ども　蹴鞠が貴族の遊びでその、貴族が当時の読者で蹴鞠はわかりやすかったから、だから蹴鞠の例を書いてると思う。

子ども　わかりやすい。例を出したり……。

子ども　わかりやすい例を出すと想像しやすい。

教師⑥　読者ってことは何を示したってこと？

子ども　読者に向けての？

子ども　当時の読者にとっては鞠は自分たちがやるから。

子ども　たしかに。

【ここから学級全体の話し合い】

教師⑦　ではどうぞ。（すべてのグループが挙手）1班さんどうぞ。

子ども　最初に、まず、どちらの段も例1、例2の二つを挙げてて、強くしている点がありました。

教師⑧　今のに関連してありますか？　4班さんどうぞ。

子ども　貴族たちが自分たちが持っている鞠でわかりやすい。それで弓の方も、私たちにも誰にでも伝わりやすい。そこが説得力をもたせるひみつだと思います。

子ども　例が二つあるときに、当時の読者がお坊さんとか貴族だったので、たとえば「高名の木登り」では鞠、これは貴族の遊びで、貴族が当時の読者だったので、自分たちもそういうことがあったなって納得できるような例を出す。たとえば庶民の遊びとかでたとえられても貴族には意味がわからない。

教師⑨　当時の読者に身近なことということですね。

少し戻ろう。例1にはこんなことが書かれてあるよとか、例1の書き方がこんなふうになってるからわかりやすい、納得できる、説得されるっていうことないかな？　3班さんどうぞ。

子ども　カギ括弧を使っていることで説得力が高まり、自分の意見だけではなく人の意見を入れていることでその説得力が高まるんだと思いました。

教師⑩　カギ括弧が入っている。これ見つけた人、手を挙げて（半数くらいの子ども挙手）。光さんどうぞ。

子ども　似てるんですけど、しゃべったことも入れると、実際そうだったってことがわかる。実際にこういうことがあったとわかる。

教師⑪　なるほど。実際にあったということがわかる。カギ括弧のことに関連して付け足しありませんか。

子ども　やっぱり自分の意見だけ言うのではなくてカギ括弧でダイレクトに弓を射ることを習っている人と、弓を射ることを教えている師の人の言葉を入れることでなんか説得力がある。

教師⑫　自分の言いたいことだけじゃなくて、その、他の人の言葉が入っていると、説得力があるの？　なんで？　グループで話し合ってみて。

カギ括弧のもつ効果について子どもたちから意見が出ているが、大庭先生はその追究についてこられていない子どもがいると判断し、グループの話し合いを入れた。一部の子どもが発言できる状態でも全員のものになっていないときは、こういう指導が必要である。

3　カギ括弧と文末表現の効果の解明

【ここからグループでの話し合い】

〈5班の話し合い〉

子ども　本当の実話みたいになっている。

子ども　信じられないから。言葉だったら信じられるようになる。

子ども　共感できるっていうか……。

子ども　だから、カギ括弧。

子ども　あー、共感。

子ども　共感できるってことだから……。「あやまちすな。心しておりよ」ってカギ括弧がなければなんか。

子ども　なんか自分で思ってて、本当に思ったのかなってなるけれど、本当にしゃべったってカギ括弧がついてるなら、なんか……。

子ども　しゃべったっていう実感わいてくる。

子ども　信じられるっていうか。

教師⑬　あー、信じられるっていうことなのね。

子ども　信じられるし、共感もできるっていうことか。

子ども　あー!

教師⑭　本当にこういうことがあったんだなって信じて読んじゃうってことね?　なるほどね。それ面白い。

子ども　だからカギ括弧をつけて、わざとカギ括弧をつけてやってる。

【ここから学級全体での話し合い】

教師⑮　はいどうですかね。カギ括弧会話文になってるとどうして説得力があるのかな。8班さんどうぞ。

子ども　カギ括弧があると、会話で、読んでる人に本当にあったっていうことが、やっぱりわかりやすいっていうことと思います。

教師⑯　本当にあったってわかる。5班さん。

子ども　カギ括弧つけると、たとえば「あやまちすな。心しておりよ」のところにカギ括弧つけると信じられるし共感して読める。

教師⑰　想像しやすくて共感につながる。薫さんどうぞ。

子ども　カギ括弧も何にもない普通の文章だけでべらべらべらべら書いてると、実際にあった感がないじゃない。カギ括弧があると「あったこと話してるんだ」ってわかってストーリー性が出てきて面白くなるみたいな。

子ども　（複数）同じです。

教師⑱　ストーリー性か。付け足し?　良彦さん。

子ども　ストーリー性に似てるんですけど、カギ括弧があるとやりとりがわかりやすいと思う。誰がどう言ってるかがわかりやすいと思いました。信じて読める部分が自分の頭の中に映像が出てくるじゃないですか、読むと。

教師⑲　みんなどう?　カギ括弧があって読むと頭の中に映像って出てくるの?　そうなんだ。今浮かんでいる人いる?（多くの子ども「出てきます。」「出てくる。」などと答える）そうなんだ。面白い!　こんな効果ある。

子ども　実際にあった感が強くなる。

子ども　証拠が強い。

教師⑳　信じて読めるってこと。カギ括弧って大事なんだね。そこをうまく使っているから説得力がある。ゆりさんの聞き方がいいですね。さてこれ以外でありますか？　例1のことに関して？

子ども　例1は「なになにだ」とか「なになにという」とかで終わってる部分は、最後まで言い切ってる感じがするから説得力がある。

教師㉑　文の最後ってことですか。文の最後がきちんと強く言い切っている感じがする。たとえばどのへんかな？　みんなも探してみて。

子ども　（口々に）「心しておりよ」「定むべしと思へ」……。

教師㉒　「おりよ」とか「べし」とか「思へ」とか。こういう文末の書き方で強調されていてはっきり伝わる。

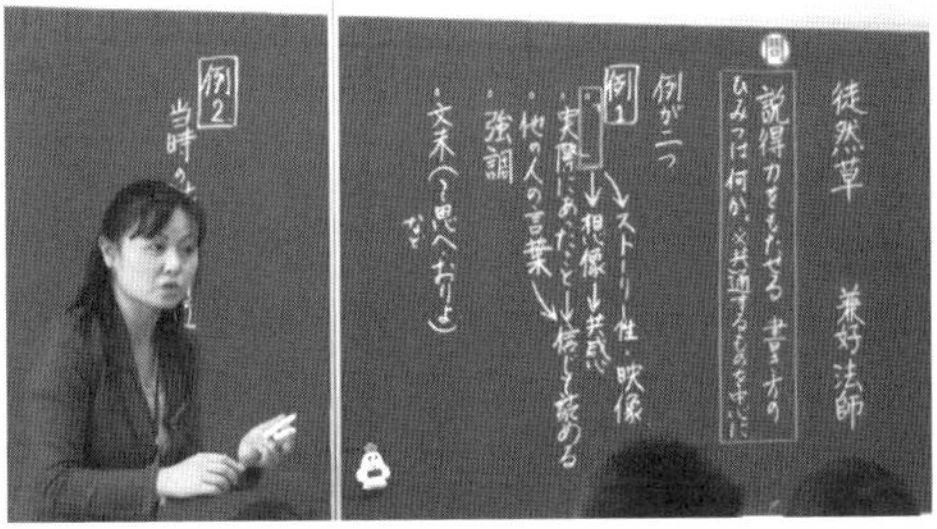

教師㉓　いい？　じゃあ聞くけど。例1ってすごくよく書かれてるよね。カギ括弧を上手に使っていて、文末はびしっと言っていてなんか、ああって訴えられる感じがする。すごく例1がいいので、二つ目の例を出さなくても言いたいことって伝わるんじゃないのかな？

子ども　いや、それだけじゃ、そのことについて……。

教師㉔　そのことについてグループで話し合ってみて。

> 大庭先生のゆさぶり発問である。すでに例が二つあることの効果は、前半のグループの話し合いでも一部出ていたが、全員に例が二つあることの効果、二つ目の例のもつ意味について検討させようとしている。

4　例が二つあることの効果の解明からまとめへ

【ここからグループでの話し合い】

〈1班の話し合い〉

子ども　例1で深まるじゃないですか。それでまた例2を言うと、ああーやっぱりそうなのかって共感を得ることができると思う。

教師㉕　あーそうかって思えるってこと？

子ども　深めてから違う例も出せばもっと納得させられると思う。

子ども　最初の例1だけだとまだなぜみたいに思うこともあるじゃないですか。二つ目で一つだけじゃないんだよみたいなことで納得するんだと思う。

子ども　例1だけでなくて例2があると、ああなるほどってなる。新しい情報で深まる。

【ここから学級全体の話し合い】

教師㉖　どうでしょう？　6班さんどうぞ。

子ども　その例をたくさん含ませることで、このこういう場合もあるなと、いろいろな場合が考えられることっていう意見が出ました。

教師㉗　この場合があるんだよってことね。付け足し。1班さんどうぞ。

子ども　例1のところで、まずみんなの読者の共感をまずちょっとだけ得るじゃないですか。で、この例1と例2の間に「考え」を入れてることで深まるじゃないですか。なるほどって。それで、例2で共感をさらに深めるので共感できるという意見が出ました。

教師㉘　最後が当時の人にとっては一番共感できることなんですか。なるほどね。4班さんどうぞ。

子ども　木登りでは、例1だけだと木登りの時だけ気をつければいいんだってなるけど、例2で他にも出てくると、他のもあるのかなっていう思いが出てくる。弓の方だと弓だけ書いていれば弓のときだけその気持ちをもてばいいんだみたいになっちゃうんだけど、例2があると、道を学する人っていうことで他でもあるんだろうっていうふうに考えられる。

教師㉙　なるほど。確認するよ。例が二つあって、2個もあるからいいんだなって最初出たんだけど、ただ2個あるだけじゃなくて一つ目と二つ目に書かれてあることは全然違っている。一つ目はカギ括弧なんかもあってすごく生き生きした書き方だ。でも、二つ目の方も印象に残せるようにわざと最後に書いたんだね。ここまでわかったね。今日「まとめ」書けそうですか。2分で書いてください。（子どもたち、書き始める。）

（2分後に次のまとめ（振り返り）を書いた子どもを指名。子どもがそれを読み、授業を終えた。）

子どものまとめ

1と2の例にはたくさんの工夫がありました。その中でも私は作り方が大切だと思います。例1ではカギ括弧を使うことで説得力が増したと思います。例1はとても大切ですが、例2にも説得力の増す秘密が隠されていたと思います。それは当時の読者に合わせた例を書くことです。そのことを書くことで、例1にも負けないくらいとても大切なことが隠してあったと思います。その他にもたくさんありましたが、一番大切なことは兼好さんが読者に合わせて説得力をもたせるということだと思います。例→考え→例の順に書いてあること。最初の例1は実際にあったことや他の人（名人）の話を強調している。「考え」では、戒め、万事などと自分の考えを書いている。例2では当時の読者にとって身近なことを書いて共感できる内容にしている。こんなふうに順序を考えているのがいいなあと思いました。

注

（1）授業記録中の子どもの名前はすべて仮名である。

（2）次頁の本文は、大庭先生が「高名の木登り」「ある人、弓射ることを習ふに」それぞれを三つの段落に分ける形にして教材化したものである。漢字やルビも子どもに合わせて大庭先生が設定した。

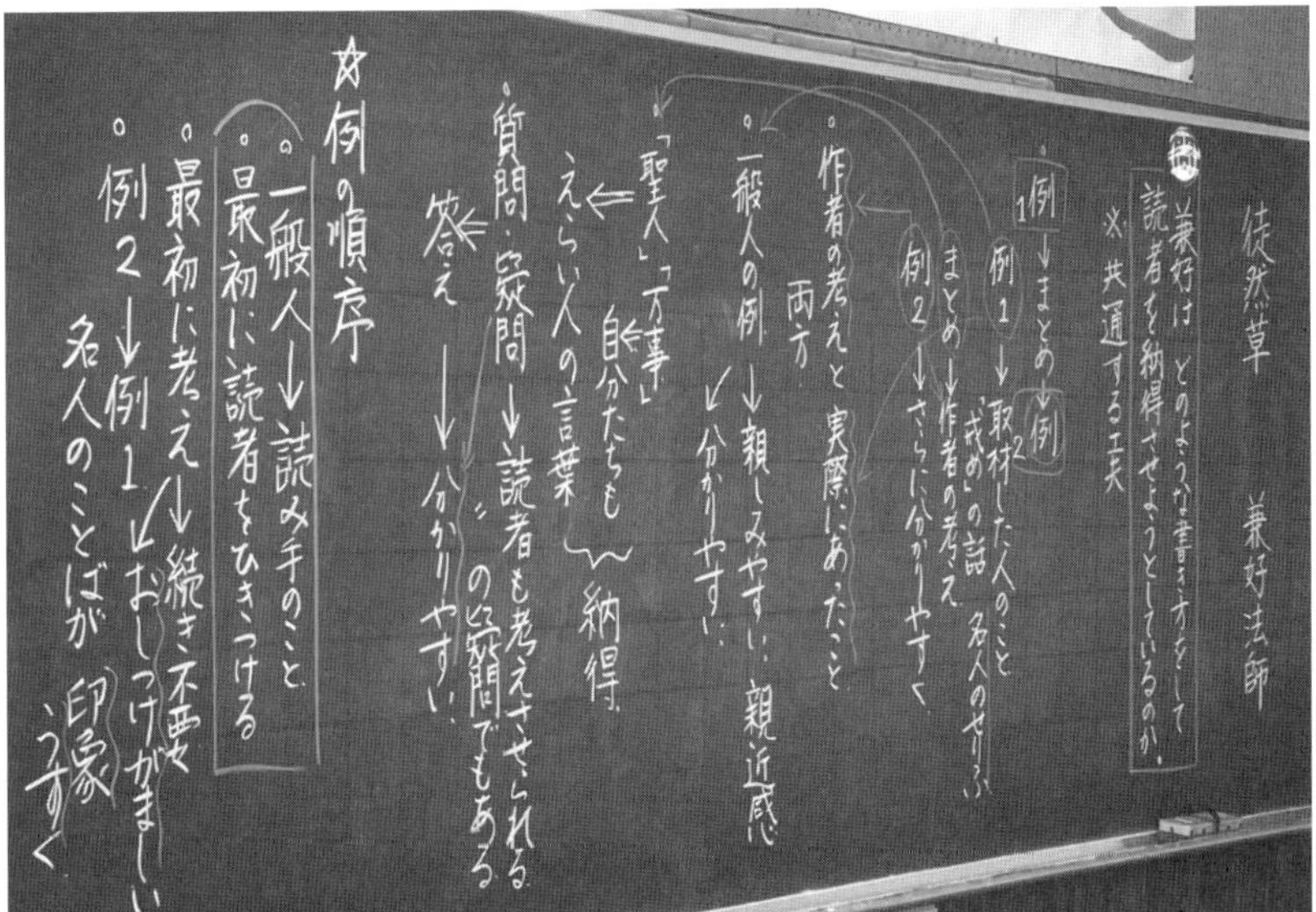

最終板書

【教材】『徒然草』「高名の木登り」と「ある人、弓射ることを習ふに」の本文

1 高名《かうみやう》の木登りといひしをのこ、人をおきてて、高き木に登せて梢《こずゑ》を切らせしに、いと危《あやふ》く見えしほどは言ふこともなくて、おるるときに軒長《のきたけ》ばかりになりて、「あやまちすな。心しておりよ」と言葉をかけ侍《はべ》りしを、「かばかりになりては、飛びおるるともおりなん。如何《いか》にかく言ふぞ」と申し侍りしかば、「そのことに候《さうらふ》。目くるめき、枝危きほどは、おのれが恐れ侍れば申さず。あやまちは、やすき所になりて、必ず仕《つかまつ》ることに候」といふ。

2 あやしき下﨟《げらふ》なれども、聖人の戒《いまし》めにかなへり。

3 鞠《まり》も、難《かた》き所を蹴出《けいだ》して後《のち》、安く思へば、必ず落つと侍るやらん。

1 ある人、弓射《い》ることを習ふに、もろ矢をたばさみて的《まと》に向《むか》ふ。師《し》の言はく、「初心の人、ふたつの矢を持つことなかれ。後《のち》の矢を頼みて、はじめの矢に等閑《なほざり》の心あり。毎度ただ得失《とくしつ》なく、この一矢《ひとや》に定むべしと思へ」と言ふ。わづかに二つの矢、師の前にてひとつをおろかにせんと思はんや。懈怠《けだい》の心、みづから知らずといへども、師これを知る。

2 この戒《いまし》め、万事《ばんじ》にわたるべし。

3 道を学《がく》する人、夕《ゆふべ》には朝《あした》あらんことを思ひ、朝には夕あらんことを思ひて、かさねてねんごろに修《しゅ》せんことを期《ご》す。況《いは》んや一刹那《せつな》のうちにおいて、懈怠の心あることを知らんや。なんぞ、ただ今の一念《いちねん》において、直《ただ》ちにすることの甚《はなは》だ難《かた》き。

第５学年Ｂ組　国語科学習指導案

授　業　者　　　　大庭珠枝
研究協力者　阿部　昇，成田雅樹

1　単元名　ようこそ　古典の世界へⅤ
〜『徒然草』（高名の木登り）（ある人，弓射ることを習ふに）〜

2　子どもと単元

⑴ 子どもについて

耳に心地よく，声に出して楽しく，知的好奇心をくすぐる古典作品は，子どもたちにとって魅力的な学習材の一つとなっている。1学期から常設している「古典コーナー」の本を手に取ったり，暗唱に進んでチャレンジしたりする子どもも増えてきた。

『枕草子』（第一段）（うつくしきもの）の学習では，作者の独特な視点（意外性）があるからこそ読者を惹きつける作品になっていること，そしてそれこそが「随筆」の魅力だということに気づくことができた。『竹取物語』（冒頭）の学習では，現代の物語文と同様に巧みに人物設定がなされていることに驚きながら読む姿が見られた。『徒然草』（友とするに）の学習では，一読すると疑問に感じることでも作者の人物像を手がかりにその謎を解き明かすことができる，という読みの面白さを味わうことができた。これらの学習を通して，「古典は既習の学習方法を用いて読むことのできる身近なものである。」「古典の音読・暗唱は面白い。でも，読み深めたらもっと面白い。」と感じ始めていることがうかがわれる。

⑵ 単元について

古典には，現代人が読んでも新鮮な感動を覚えられるという魅力がある。特に随筆文学に見られる昔の人のものの見方・感じ方が，長い時空を超えてもなお共感できるものとして私たちに迫ってくるとき，古典は一層身近なものになる。これこそが，古典が古典たる所以であろう。

本単元では，『枕草子』『方丈記』とともに三大随筆と称される『徒然草』（兼好法師）を取り上げ，その中の【高名の木登り】【ある人，弓射ることを習ふに】を主教材として，作者の「名人論」と表現の工夫を読み解く学習を展開する。

作者は，【高名の木登り】では，木登りの名人による「あやまちは，やすき所になりて，必ず仕る事に候」という言葉に対して，「聖人の戒めにかなへり」と言っている。【ある人，弓射ることを習ふに】では，弓の師匠による「初心の人，ふたつの矢を持つことなかれ。〜この一矢に定むべしと思へ」という言葉に対して，「この戒め，万事にわたるべし」と言っている。どちらの「戒め」にも共通するのが「油断大敵」ということであるが，前者は簡単な場面でこそしてしまう油断，後者は無意識のうちに“次がある”と思ってしまうことによる油断という点での差異がある。これらの共通点，相違点を探りながら，「戒め」の内容を普段の自分に照らし合わせ，深く納得して読み深めることが可能な章段であると考える。さらに，読み手が思わず納得してしまうような書きぶりになっていることも，双方の章段に共通する特徴である。しかも，その書きぶりの特徴が類似しているため，共通する工夫を発見する楽しさを味わうこともできると考える。

古典ならではの表現に着目しながら二つの文章を読み比べ，自分の言葉に置き換えて思考したり，表現の工夫を見いだしたりする力を育てたい。そして，『徒然草』の別の章段を進んで読もうとしたり，作者からのメッセージを今に生きる言葉としてとらえようとしたりする子どもたちの姿を期待して，本単元を設定した。

⑶ 指導について

単元導入では，「名人の心がけ」を一言で書き紹介し合う活動を取り入れ，お互いの考えに関心をもつことができるようにする。さらに，兼好法師も『徒然草』の中で様々な名人について言及していることを知らせ，その内容への興味を喚起する。そして，初発の感想を基に「作者は，どんな『戒め』を，どんな工夫で読者にうったえかけているのか」という単元の学習課題を皆で設定し，目的意識をもって主体的に読みとることができるようにする。

読みとりは，二つの章段に共通して出てくる「戒め」をキーワードに進めていく。それぞれどんな戒めなのか，その戒めはどんなことを意味しているのかを叙述を根拠に読みとらせたうえで，「他に例を挙げるとしたら，どんな場面が考えられるか」を問う。このことにより，例示を重ねながら内容の理解を確かなものにしたり，古典を自分に引きつけて読んだりすることができるようにする。また，書きぶりの工夫を見いだす際には，二つの章段に共通する工夫を問う。このことにより，主に構成の妙によって読者を納得させる文章になっているのだと気づくことができるようにする。そして，「どんな事例をどんな順序で提示するかが吟味されていることも，『徒然草』の面白さの秘密であると気づき，作品の見方や考え方を広げる」という本単元における「新たな価値」に迫りたい。

単元終末では，特に効果的だと感じた書き方の工夫と特に印象的だった教訓についてまとめる活動を取り入れる。さらに，「名人の心がけ」を再び一言で書く活動も取り入れ，本単元での学びをとおして思考が広がったり深まったりしたことを自覚できるようにする。そして，日常のふとした瞬間に本単元での「名人論」が頭をよぎったり，随筆を書く学習の際に兼好の書きぶりから学んだことを生かそうとしたり，古典の中の言葉が自分のものとなることに喜びを見いだしたりする，そんな子どもたちの姿を期待したい。

3　単元の目標〈記号は本校の資質・能力表による〉

(1)『徒然草』に見られる作者の「名人論」に興味・関心をもち，進んで感想を交流しようとする。〈C-65〉

(2)『徒然草』（高名の木登り）（ある人，弓射ることを習ふに）について，言葉のリズムを味わいながら音読したり内容の大体を理解したりすることができる。〈C-1・9・75〉

(3) それぞれの「戒め」の意味や共通点・相違点を読みとったり，読者を納得させるような書き方の工夫を見つけたりすることができる。〈C-33・59・70〉

(4)「〜べし」「況んや〜や」「なんぞ，〜難き」などの表現効果に気づくことができる。〈C-55・59〉

4　単元の構想（総時数５時間）

時間	学習活動	教師の主な支援	評価〈本校の資質・能力との関連〉
1	(1)「高名の木登り」「ある人，弓射ることを習ふに」を音読し，内容の大体を捉え，感想を書く。	・「名人の心がけ」を一言で書き表す活動を取り入れ，「名人」への意識づけを図る。そのうえで，『徒然草』にも様々な名人が登場していることを知らせ，その内容への興味を喚起する。	・作者の「名人論」に関心をもち，言葉のリズムを味わいながら音読をしたり，概要をとらえて感想を交流したりしている。〈C-1・9・65・75〉
	(2) 感想を交流し，単元の見通しをもつ。	・「納得した」という感想を取り上げ，「納得させるような書き方の工夫があるのではないか」と投げかけることにより，下記のような単元の学習課題を皆で設定できるようにする。	
	学習課題 作者は，どんな「戒め」を，どんな工夫で読者にうったえかけているのか。		
2	(3)「高名の木登り」の「戒め」を読みとる。	・木登り，蹴鞠以外にどのような例が考えられるかを問い，具体例を挙げていく中で，「やすき所」には，「安全な，簡単な」という意味だけでなく，「あと少しで終わりそうなとき」という意味も含まれることが理解できるようにする。	・「高名の木登り」の「戒め」の意味を読み深めている。〈C-70・75〉
3	(4)「ある人，弓射ることを習ふに」の「戒め」を読みとる。	・「高名の木登り」の「戒め」と比較してみるよう促し，共通点・相違点を問うことで，「ある人，弓射ることを習ふに」の「戒め」の意味をより明確にとらえることができるようにする。	・「高名の木登り」と比較しながら，「ある人，弓射ることを習ふに」の「戒め」について読み深めている。〈C-70・75〉
4 本時	(5) 読者を納得させるような書き方の工夫を見いだす。	・文章構成の工夫と，細部の表現の工夫とに分けて子どもの気づきを板書で整理することで，説得力を増すための工夫が多岐にわたっているからこそ読者は納得して読むことができるのだ，という作品の魅力に迫ることができるようにしたい。	・文章全体の構成や，例示の内容・順序，用いられている言葉等によって，読者を納得させる文章になっていることに気づいている。〈C-33・55・59・70〉
5	(6) 単元をとおしての感想をまとめる。	・特に効果的だと思った表現の工夫と，特に印象的だった教訓についてまとめるよう促す。さらに，再度「名人の心がけ」を一言で書き表す活動を取り入れ，単元をとおしての思考の深まりを実感できるようにする。	・作者の書きぶりから学んだこと，作者の「名人論」から学んだことをまとめている。〈C-65・70〉

5　本時の実際 （4／5）

（1）ねらい　「高名の木登り」「ある人，弓射ることを習ふに」の比べ読みをとおして，読者を納得させる書き方の工夫（文章構成の工夫や効果的な例示など）を見つけることができる。

（2）展開　　○：「対話」の機能を活かすための手立て

時間	学習活動	教師の支援　評価
2分	①　本時の学習問題を確認する。 学習問題 読者を納得させる書き方の工夫は何か。	・単元の学習課題を基に，前時の終わりに学習問題を設定しておく。そのうえで，二つの文章に共通する工夫を見いだすよう助言し，視点を明確にして読みとることができるようにする。
3分	②　「高名の木登り」「ある人，弓射ることを習ふに」を音読する。	・言葉のリズムや文体，音の響きを感じることができるよう，一斉読を取り入れる。
33分	③二つの文章に共通する書き方の工夫を見つける。**【自分との対話】→【仲間との対話】** （予想される子どもの反応）ア「具体例」→「まとめ」→「具体例」という構成になっている。最後にもう一度具体例があるので，戒めの内容が分かりやすい。 イ　いきなり教訓から入ると説教くさい印象になるけれど，具体例から始まっているので押しつけがましくない。 ウ　「如何にかく言ふぞ」（高名の木登り），「わづかに～思はんや」（ある人，弓射ることを習ふに）で疑問を述べ，それに答える形になっているのが分かりやすい。 エ　「あやしき～聖人の戒めにかなへり」（高名の木登り），「この戒め，万事にわたるべし」（ある人，弓射ることを習ふに）という一文が効果的。思わず納得してしまう。 オ　「高名の」「聖人」「師」など，優れた人の言葉として紹介されているから納得してしまう。 カ　一つ目の具体例の中に会話文が入っていてリアリティーがあり，状況をイメージしやすい。物語みたいで抵抗なく読むことができる。 キ　二つ目の具体例は，当時の読者層に合わせて書かれていると思う。今の自分たちも納得できるけど，当時の読者はもっと納得したのではないか。	・自分の考えをもって学習に参加することができるように，着目した部分に傍線を引いたり，考えをノートに書いたりする時間を確保する。 ・それぞれの工夫によってどのように説得力が増すのかが明確になるよう，下記のような差異を問う補助発問を準備し，必要に応じて投げかける。 〈イについて〉 ・「あやまちは，やすき所になりて，必ず仕ること に候。これ，聖人の戒めにかなへり。」から始まった場合と，印象はどう違うのかな。 〈ウについて〉 ・「わづかに～師これを知る」はなくても意味は通じる。なぜわざわざ書いたのかな。 〈エについて〉 ・これらの一文がなくても，言いたいことは伝わる。あることによって，どんな効果があるのかな。 ・「あやしき下臈なれども」を抜いて，「これ，聖人の戒めにかなへり」だけでも意味は通じる。「あやしき下臈なれども」があることによって，どんな効果があるのかな。 ○アの反応が多いことが予想される。しかし，多くの子どもは「具体例を二つも挙げているからわかりやすい」という回数による効果にしか気づかないものと思われる。そこで，回数だけでなく，順序による効果にも気づくことができるよう，「なぜ二つ目の例を書いたのか」を改めて問う。二つ目の例を挙げた意味，目的，効果について考えを深め，二つの例の順序には必然性があることに気づくことができるようにしたい。
7分	④　話し合いをとおして深まった考えをノートにまとめる。**【自分との対話】** 特に例の挙げ方が効果的だと思った。例が二つ挙げられているだけではなく，二つの例の順序にはきちんと意味があり，それによって読者は納得させられるのだと分かった。作者は，読者を意識してこの随筆を書いたのだと改めて感じた。	・「対話」を通して自分の考えが深まったことを自覚できるように，本時の学習問題に立ち返り，友だちの考えから得られた新たな気づきを含めてまとめるよう助言する。 文章全体の構成や，例示の内容・順序，用いられている言葉等によって，読者を納得させる書き方になっていることに気づいている。　〈C-33・55・59・70〉（発言，ノート）

(3) 「仲間との対話」をとおして新たな価値を創造する子どもの姿

《学習活動③において》

子どもの姿

・「具体例が二つあるからわかりやすい」という回数による効果には気づいているが，取り上げる順序による効果にまでは気づいていない。

【教師の手立て】
・「二つ目の例を付け足している」「わかりやすくなるように書き足した」のような発言をとらえ，全体に次のように投げかける。
T：「付け足し程度ならば，二つ目の例を書かなくてもいいんじゃないの。一つ目の例がとてもわかりやすく書かれているのだし。」
C：「いや，あった方がわかりやすいから必要だ。」
T：「二つあった方がいいということなら，一つ目と二つ目の例を入れ替えてもいいんじゃないの。」
C：「例が二つあることだけでなく，例の順序にも何か意図がありそうだな。」

【協働して追究する「問い」】
「作者は，なぜ二つ目の例を書いたのか。また，なぜこの順序で例を挙げたのか。」

仲間との対話

・一つ目の例は，物語みたいで読みやすい。会話文もあって状況がイメージしやすい。だから一つ目に入れたんだと思う。木に登る，弓を射る，という例の内容も，多くの人にとってわかりやすい。それに対して二つ目の例は，「鞠」の方はわかるけれど，「道を学する人」の方は難しい印象を受ける。いきなり難しいことを書かれると読む気がしなくなるから，わかりやすい例の方を先に書いたんだと思う。
・二つ目の例の，「鞠」は貴族の遊びで，「道を学する人」はお坊さんのこと。当時，こういう文章を読み書きできたのは貴族とかお坊さんとか，一部の身分の高い人たちだけで，兼好はそれをわかっていて書いたはず。つまり，当時の読み手にとってより身近な例を後ろに書いたんじゃないかなあ。
・そうそう。前半は，物語のように読ませて興味を惹いておいて，後半に，「あなたたちだってそうでしょう？」「あなたたちも気をつけないといけないんですよ」「そういう私もですけどね」というメッセージを込めているんだと思う。
・今の私たちが読んでも納得できるけど，当時の読者はもっとハッとさせられたんじゃないかな。だからこそ読まれたんだと思う。

目指す子どもの姿

・二つの例の順序に着目し，取り上げる順序によって読み手の印象が異なることに気づいている。
・当時の読者の立場に立って例示の内容を読み深め，作者が読者を意識して書いた作品であることを再認識している。

3　『徒然草』「高名の木登り」と「ある人、弓射ることを習ふに」の教材研究

大庭　珠枝（秋田県由利本荘市立東由利中学校）

1『徒然草』の概要

『徒然草』は、鎌倉時代末期に兼好によって書かれた作品である。平安時代の清少納言の『枕草子』、鎌倉時代の鴨長明の『方丈記』とともに三大随筆と称される。

作者の姓名は「卜部《うらべ》兼好《かねよし》」といわれる。京都吉田神社の神官（身分的には下級貴族）の家に生まれたが、長男ではなかったため跡継ぎにはならず、十九歳で宮中に入り後二条天皇に仕えた。後二条天皇崩御の後、宮廷を辞して出家したのが三十歳頃。「兼好《けんこう》」は出家後の法名である。三十代後半には歌壇で活躍し、二条流の「和歌四天王」に選ばれた。『徒然草』を執筆したのは、四十八、九歳頃とされる。その内容は、思想・人間観・有職故実・恋愛観・政治批判など多岐に渡り、さまざまな立場から世の中を観察してきた経験が作品の隅々に現れている。

『徒然草』は、兼好の生前も死後も一部の知識人に読まれたのみで、人気を呼んだのは江戸時代以降である。「日本の論語」と賞賛され現代も広く親しまれる。

2 語釈・文法

（1）「高名の木登り」について

・おきてて―「掟て」の連用形「掟て」＋「て」（接続助詞）。指図して。
・侍り―補助動詞「侍り」の連用形。丁寧の意を添える。
・あやしき―形容詞「賤し」の連体形。身分が低い。
・鞠―蹴鞠。皮製の鞠を数人で蹴って、地面に落ちない

ように争う貴族の遊戯。

(2)「ある人、弓射ることを習ふに」について

・等閑《なほざり》―いいかげん。おろそか。
・懈怠《けだい》―なまけること。怠惰。気の緩み。
・道―仏教・儒教などの教え。
・期《ご》す―予定する。あてにする。
・況《いは》んや―（～と言おうか、いや）言うまでもなく。まして。漢文訓読から生じた語。文末を「～をや」「～や」で結ぶことが多い。

3 内容の解釈

(1)「高名の木登り」について

この章段には、木登りの名人が登場する。人に指図して梢を切らせているところから、庭師、植木職人のような身分の人であろう。

その名人のせりふ「目くるめき～あやまちは、やすき所になりて、必ず仕ることに候」が、この章段で作者が伝えようとしていることを端的に表しているものと考えられる。「難しいところ、危険なところでは、本人が慎重に行動するため、失敗をしたり怪我をしたりすることはない。しかし、簡単なところ、あと少しで終わりそうなところでは、つい油断してしまい、失敗や怪我につながる。だから、『やすき所』ほど用心せよ」というメッセージが読みとれる。

「あやしき下臈」である木登り名人の言葉であるが、「聖人の戒め」と同等の価値があると述べ、さらに「蹴鞠でも同じことが言えますよ」と補足の例を挙げている。蹴鞠は当時の読者である貴族の遊びだったことをふまえ、読者自身の経験を想起させ「みなさんも気をつけてください」というメッセージを発信している。

現代の読者である子どもたちにもおそらく似たような経験があり、共感・納得できることと思われる。

(2)「ある人、弓射ることを習ふに」について

この章段には、弓の師匠が登場する。弓を習いにきた「ある人」が二本の矢を持って的に向かったところ、「初心者は二本の矢を持つべからず。」と師匠が諭す。その理由は「後の矢をあてにして、初めの矢をおろそかにする心が生じるから」だという。常に「この一矢に定むべ

し と思へ」と言う師匠は、ほんの少しの油断の心もお見通し、ということである。

「この戒め、万事にわたるべし」と言う。そして、仏道を学ぶ人も、ついつい後の時間をあてにしてしまいがちであることを述べ、「なぜ、今この瞬間に修行することが、こんなにも難しいのだろうか」と結んでいる。前段の「後の矢を頼みて、はじめの矢に等閑の心あり」に関連する記述である。これは、仏道を学ぶ人、つまり自分自身を含めた当時の読者へのメッセージであると考えられる。「ただ今の一念において、直ちにすること」が大切だと知っているのになかなかできない「懈怠の心」をもつ人間の弱さを、自戒の念も込めて説いている。

現代の読者である子どもたちにも、思い当たる節があるはずである。大いに共感・納得できるものと思われる。

4　二つの章段に共通する書き方の工夫を分析する

この二つの章段は、どちらもよくある教訓話である。しかも、その構造がよく似ている。教訓話なのに「説教臭くて嫌な感じ」がなく思わず納得してしまうのは、構造の妙によるところが大きいのではないだろうか。どちらか片方だけを読むより、二つを比べ読みした方が書き方の工夫が見えやすいと考えた。

では、どんな書き方の工夫（共通点）があるのか。

まずは、どちらも具体的なエピソード、事例を挙げていることである。作者が伝えようとしている教訓は、具体的なエピソードを出さなくても書くことが可能である。たとえば「あやまちは、やすき所になりて、必ず仕ることに候」だけでもわかる。しかし、それだけだとあまりにも説教じみてしまい、具体的にどのようなことなのかをイメージしにくく、作者の言いたいことが十分に伝わらない。やはり事例があることによって、読者は教訓の内容をイメージし、理解して読むことができるのである。

また、文章全体の構造も特徴的である。1段落で具体的な事例を紹介し、2段落で「聖人の戒めにかなへり」「この戒め、万事にわたるべし」と作者の見解・評価を述べ、3段落でもう一つ事例を紹介する。このような「例→見解→例」という構造にして例を二つ挙げることにより、説得力をもたせる効果があるものと考える。

一つ目の例の内容や書き方にも共通点がある。それは、「木登りの名人」「弓の師匠」による教訓の話になっていることである。しかも、その書きぶりは物語的で具体的であり、会話文も用いられていて非常に読みやすい。だからこそ、名人たちの言葉が真実味をもって読者に迫ってきて、説得力につながるのではないだろうか。

2段落の「聖人の戒め」「万事にわたる」といった作者による評価の言葉も効果的である。「聖人」「万事」という言葉によって、非常にすばらしい教えなのだ、という気持ちにさせられてしまうのである。同様のことが、1段落に登場した「高名の」「師」にもいえる。凡人ではなく、名人や師匠の言葉だからこそ納得させられるのではないだろうか。

そして3段落でもう一つの例を添えることにより、「他にも似たようなことがあるかもしれないから、自分たちも気を付けよう」と思える。また、当時の読者層にあてはまる例になっており、当時の読者としてはドキッとさせられたのではないだろうか。

こういった各段落の効果や、この順序で書かれている意図について、「二つ目の例はなくても伝わるのではないか」「一つ目の例と二つ目の例を逆にして書いてもよいのではないか」などとゆさぶりながら考えさせたい。

細部の表現を見てみると、1段落に「かばかりになりては、飛びおるるともおりなん。如何にかく言ふぞ」「わづかに二つの矢、師の前にてひとつをおろかにせんと思はんや」という疑問文と反語表現が見られる。これらは、実は読者も感じる疑問である。それをあえて書くことで、読者は「たしかに自分も疑問に思う」と共感できるし、しかも、その疑問に対する答えが直後に書かれているため、疑問が解決されて納得につながる。反語表現に関しては、「ある人、弓射ることを習ふに」の3段落にも登場している。「況んや一刹那のうちにおいて、懈怠の心あることを知らんや」の文である。この後には「いや、知らないのだ」という表現が隠されているのだが、疑問を投げかけてあえて答えを書かない反語表現によって、読者も考えさせられる効果がある。他にも、「〜べし」「〜なかれ」といった文末表現など、古典ならではの言い回しが効果的なのも特徴として挙げられよう。

＊

以上のような書き方の工夫を自分たちで見いだすことで、文章を書くときに作者の書きぶりを真似てみる子どもたちを育てたいと思う。

4　『徒然草』「高名の木登り」と「ある人、弓射ることを習ふに」の授業の徹底研究
――「言葉による見方・考え方」を先取りする先進的授業

阿部　昇（秋田大学名誉教授）

1　「言葉による見方・考え方」を育てる古典の授業

大庭先生のこの授業は七年前のものだが、すでにこの時、現在の学習指導要領で重視されている「言葉による見方・考え方」を確かに育てている。

『徒然草』の「高名の木登り」と「ある人、弓射ることを習ふに」に共通する説得の戦略を、子どもたちは解き明かしていく。その説得の戦略こそ「言葉による見方・考え方」である。大きく三つの戦略が解明される。一つ目は「読者意識」、二つ目は「写実性と信憑性を高める具体的描写」、三つ目は「文末表現のインパクト」、四つ目は「例を二つあげることの意味」である。

一つ目の「読者意識」については、読者に貴族が多いことに着目し、彼らが普段何をしているかを意識しながら書かれていることを発見する。教師⑧の後の二人の子どもの発言「貴族たちが自分たちが持っている鞠でわかりやすい」「鞠、これは貴族の遊びで、貴族が当時の読者だったので、（中略）あったなって納得できる」である。

二つ目の「写実性と信憑性を高める具体的描写」は、カギ括弧から解明を進めていく（原文にカギかっこはないが、カギかっこが付くような書かれ方になっていることに着目したということである）。カギ括弧から会話文とわかる。説明ではなく生き生きとした描写である。教師⑰の後の子どもは「実際にあった感」「ストーリー性」という言い方で写実的な書かれ方を指摘する。教師⑱の後の子どもは「映像が出てくる」、教師⑲の後の子どもは「証拠が強い」と発言する。

三つ目の「文末表現のインパクト」については、記録のとおり教師㉑の後の「心しておりよ」「定むべしと思へ」などの具体的な表現への着目がある。

四つ目の「例を二つ挙げることの意味」は、さらに高度な見方・考え方である。一例だと、それに限った特殊性が残る。しかし、二つになることで一気に普遍性が高まる。「1＋1＝2」ではなく「2」が「3→4→5……」と無限に広がっていく。教師㉘の後の子どもの「例1だけだと木登りの時だけ気をつければいいんだってなるけど、例2で他にも出てくると、他のもあるのかなっていう思いが出てくる」がある。見事な指摘である。

二重三重の意味でこの授業は意義深い。第一に質の高い指導があれば、小学校5年生でも「言葉による見方・考え方」を学ぶことが十分可能であることを証明したことである。第二に「言葉による見方・考え方」が提唱されるかなり前に、それを先取りする授業が行われていたことである。第三に、それを古典の授業で実現したことである。小学校の古典授業は現代語訳を確認して感想を述べる程度が多い。中学校・高校になると古語や文法は指導するが、ここまで深く説得の戦略を読み深め「言葉による見方・考え方」を育てている授業はそう多くない。

この授業が実現したのは、まず大庭先生の教材研究の質の高さによる。それなしにこれだけの授業が生まれるはずはない。（もちろんそこには附属小学校や私を含む秋田大学の教員との共同研究も含まれる。）また大庭先生は、普段から物語や説明的文章の「読むこと」指導でも実質的に「言葉による見方・考え方」を育てる授業をしていた。それがこの古典の授業で生きたのである。

2　教師の発問・助言の切れ味のよさ

授業記録をさらに丁寧に見ると、大庭先生の発問・助言に切れ味があることがわかる。子どもたちの主体的な読みを大事にしつつも、「ここは」というところで問い返したり発問・助言をしたりする。「ゆさぶり」もある。

まず教師⑲。直前の子どもの発言を取り上げ「カギ括弧があって読むと頭の中に映像って出てくるの？　そうなんだ。今浮かんでいる人いる？」と問い返す。描写的な書き方の良さを全員の理解に広げる。

教師㉑では文末表現に着目した子どもの発言を生かし「たとえばどのへんかな？　みんなも探してみて。」

と発問する。文末表現の特徴の具体を、本文に戻り全員で探す学習を促している。

教師⑫では、子どもの「カギ括弧」の指摘をあえてそのまま受け入れずに、再度グループで話し合うことを促す。「他の人の言葉が入っていると、説得力があるの？なんで？　グループで話し合ってみて。」という発問である。「カギ括弧」への着目がまだ全員のものになっていないと判断した。同時に「カギ括弧」の考察をさらに深めさせようと考えたのである。

そして教師㉓では「ゆさぶり」を行う。すでに例が二つあることは子どもから指摘があったが、その意味を深めたいと考え、二つ目の例はなくともいいのではとゆさぶる。「例1ってすごくよく書かれているよね。（中略）すごく例1がいいので、二つ目の例を出さなくても言いたいことって伝わるんじゃないのかな？」これにより二例目があることの意味を子どもたちはさらに追究する。

3　今求められている「対話的な学び」の典型としての探究型授業の成果

秋田県では中教審や学習指導要領が「アクティブ・ラーニング」「対話的な学び」を提唱するずっと前から「探究型授業」が県内のスタンダードとなっていた。大庭先生のこの授業もその典型の一つである。

教師と子どもで設定した学習課題について、まずは子ども一人一人が自力で思考する。それを3人～4人のグループで話し合い深める。その結果を学級に発表し全体で話し合いをさらに深める。――というかたちである。

はじめに子ども一人一人が思考する過程を秋田では「自力思考」と言うが、この過程がこの授業では見られない。実は自力思考は、事前に子どもたち一人一人が行っていた。学習課題は前時に教師と子どもで設定し、それに基づいて授業の前までに子どもは自力思考をしていた。（さらにそれをノートに記し教師に提出している。）

自力思考は、授業のはじめに行うことが多いが、より高度で時間がかかる場合は、この授業のように事前にさせるという方法も効果的である。

そういった対話重視の授業の良さについては、『国語授業の改革20　国語の授業で「対話的な学び」を最大限に生かす』（学文社）に詳しく書かれている。是非ご覧いただきたい。

1　教材研究上の八つの視点――宮沢賢治「やまなし」を中心に

甲斐　睦朗（国立国語研究所名誉所員）

1　はじめに

優れた読みの学習指導案は、指導者の事前の豊かで確かな教材研究によってはじめて成立する。教材研究が疎かであっては学習指導案をどのように工夫したとしても、教室で豊かで確かな読みの授業は実行できない。繰り返すと、教室の学習者の現状把握、学習目標の理解と並んで豊かで確かな教材研究の三条件が揃うことではじめて学習者優先の優れた学習指導案が可能になる。

本稿は、本研究会の趣旨に従って用語「教材研究」を用いるが、その教材研究はどういう観点で読んだら間違いないのであろうか。第六学年文学教材「やまなし」で説明してみよう。「やまなし」は宮沢賢治の作品で、教科書に掲載されて五十年近くになる人気教材である。

2　教材研究上の八つの観点

1　作品の構造・構成
2　作品題、小見出し
3　下書きや原作などとの対比
4　登場人物
5　会話文と地の文
6　描写における比喩、オノマトペなど
7　語句（用語一覧から重要語を求める）
8　挿し絵

教材研究は、一般に、右の八つの観点で読むことになる。その場合、「対比・比較」及び「関係付け」の技法を用いる。本稿は、残念ながら、紙数の都合で右の八つの観点のすべてを十全に説明できていない。

3 作品の構造・構成

(1) 額縁の部分の表現を読む

「やまなし」は、額縁型の作品で、展示されている絵画作品のように額縁(語り手が語る「いま・ここ」)と絵画(語られる物語)の二重の構造になっている。「ごんぎつね」や「大造じいさんとがん」、中学校の「少年の日の思い出」や「故郷」などが額縁型の作品である。

「やまなし」は作品の冒頭と末尾の文が一対になって語り手が語る「いま・ここ」を表している。

(冒頭) 小さな谷川の底を写した、二枚の青い幻灯です。

(末尾) 私の幻灯は、これでおしまいであります。

冒頭の一文の「幻灯」は映像拡大機による二枚の映像(スライド)で、語り手は、谷川にまだ朝日が射し込まない早朝の時刻に、小さな谷川を見下ろす場所にいて、水底まで写し撮った映像を提示している。

末尾の一文は「私の幻灯は、これでおしまいであります」という、始めがあれば終わりもある表現になっていて、動的に展開した物語の結びを表している。末尾の「私」は語り手の自称で「幻灯」を映写しながら物語を語りおえたことが提示されている。

(2) 二つの物語の小見出しを読む

語り手の語る二つの物語は次の小見出しになっている。

一　五月

二　十二月

初めの数字の「一」と「二」は二つの物語の順番を表す。次に「五月」は、作者(宮沢賢治)の生活環境(岩手県)から遅い春が到来し、万物が目覚めて躍動する季節を表す。結び近くの、上流から樺ざくらの花びらが流れてくるのがその一例になる。そうした万物が活発に活動する季節を「五月」が表している。なお、後半の「二」の小見出しについては後述する。

(3) 第一話の物語

第一話は、次の一文で始まる。

二ひきのかにの子どもらが、青白い水の底で話していました。

①登場人物

「二ひきのかにの子どもら」は登場人物で、このあと、二ひきが兄弟であること、また、三人目の登場人物としてお父さんのかにが出てくる。なお、この作品には「クラムボン」「さかな」「かわせみ」も出てくるが、これらは登場人物とはいえない。

②会話文を読む

二ひきのかにの子どもらは、谷川の水底にいて、上を見上げながら、「クラムボン」の動きについて会話を重ねている。その会話はおおまかに四つに分けられる。第一はクラムボンが笑っていることについての会話、第二はクラムボンがなぜ笑っているのかについての質問と「知らない」という答え。第三は、一ぴきの魚が頭の上を通りすぎる描写を受けて、クラムボンが「死んだ」のか「殺された」のかという言い合いになり、挙句「それなら、なぜ殺された。」という何かぐさりと突き刺すような疑問表現になっている箇所である。「よ」や「の」を付けた子どもらしいものの言い方でないことに注意したい。これは「やまなし」の主題にかかわる表現だからである。

そして、第四がその核心を突く疑問を軽くいなす「わからない。」に続いて再度クラムボンが「笑った」という会話でまとめられる。

ここで、弟のかにが、上ったり下ったりする魚に目を向けてどうして魚が行き来するのかを兄に尋ねる。会話の対象がクラムボンから魚に移るのである。ここから、二ひきのかにの子どもらが年齢差のある兄弟であることがわかる。弟としては、魚がどうして行ったり来たりするのかがわからない。兄は、弟を怖がらせまいとして「悪いことをしている」「取ってる」と答える。すると、弟は事実関係がつかめずにオウム返しに「取ってるの」と繰り返す。弟のかには何を取ってるのかを確かめようとするが、突然、谷川の上から何かが飛び込んでくる。

かにの兄弟は、恐怖に打ち震え、いすくまってしまう。そこにかにのお父さんの登場がある。兄はお父さんに訴え、お父さんは兄弟に、あれはかわせみだ、自分たちは襲われないと言って慰める。以上、会話中心に「一 五月」の展開を読んできた。

③地の文を読む

「やまなし」は語り手の語る地の文と作中人物の会話文でできている。作中人物の眼を通した地の文は自由間接文体などと呼んでいわゆる地の文と区別することがあるが、小学校の国語科の授業では区別する必要がない。ただし、人物視点の描写という見方は大切であろう。

④描写と比喩―語句に気をつけて読む

最初の二ひきの会話に続く地の文を引用してみよう。

上の方や横の方は、青く暗く鋼のように見えます。そのなめらかな天井を、つぶつぶ暗いあわが流れていきます。

かにの子どもらの視点で表現されているこの地の文は、太陽が昇ってくる前の川底から見える谷川の描写で、「鋼のように見えます」は鈍い光沢を放つ水の比喩表現で、第二文の「そのなめらかな天井」は「鋼のように見えます」を受けている。「天井」は、谷川の水面を、子どもらの住処（すみか）の上部としてとらえた表現。

次に、第三の会話文に続く地の文を読んでみよう。

にわかにぱっと明るくなり、日光の黄金《きん》は、夢のように水の中に降ってきました。

谷川に朝日が射しこんできて、暗から明へ急に変化した描写で、「日光の黄金」は「金色に輝く日光」という比喩表現をとらえ直している。それは、黄金（こがね）色に輝く日光の照射を物質として表現している。「日光が射しこんでくる」でなく細かな微粒子として「(日光の黄金が）降ってくる」に注目したい。「夢のように」はきらめくような、多彩に輝く美しさを表した表現である。

第一話の地の文の検討は、ここで中断せざるを得ない。なお、教室では学習者に、どの地の文が好きか、自分の好きな地の文を取り上げて、そのわけを説明する学習が期待される。どの表現から読み始めても作品の鑑賞に迫ることになる。

（4）第二話の物語

①第二話の小見出し「十二月」

第一話の「五月」の展開あるいは対比として「十二月」が設定されている。ただ、次に引くように、第二話の最初の一文を読むと、「十二月」では遅すぎる感じがある。

かにの子どもらはもうよほど大きくなり、底の景色も夏から秋の間にすっかり変わりました。

右の「夏から秋の間に」は「十月」または遅くとも「十一月」がふさわしい。新聞発表形では初期形の「十一月」が「十二月」に改められている。「十二月」は一年の締め括りの月だからであろうか。

右の本文に明らかなように、この半年の間に、子どもらはかなり成長し、谷川の底の景色もうんと変わってきている。

②地の文の比喩表現

右の引用に続く地の文には晩秋の谷川の底の変わり

ようが描写されている。幻想的な表現に注目しよう。

その冷たい水の底まで、ラムネのびんの月光がいっぱいにすき通り、天井では、波が青白い火を燃やしたり消したりしているよう。

最初の「その冷たい」は、引用できていないが、前一文の表現を受けている。そして、「天井」を除くと、二つの比喩が見られる。一つめは「ラムネのびんの月光」で、炭酸水を封じ込めた透明な青色の瓶を透かした色合いである。二つめは「波が青白い火を燃やしたり消したりしているよう」で、かにの子どもらの眼を通して水面の波による月光の反射を言い表している。この比喩表現を確かに理解しておくことが、第二話の後半の描写表現の正当な鑑賞を可能にする。

③第一話と第二話の対比

ここまでで二つの物語の対比関係を整理してみよう。第一話は、桜の花が咲く五月の早朝、かにの子どもらが目覚めた時刻に始まる物語。第二話は、晩秋の子どもらが眠りに就く前の夜更けの物語。ほぼ半年の経過があって、子どもらはかなり成長している。幼い言葉遣いは見られない。

共通しているのは、二ひきが相変わらず張り合っていることである。第一話ではクラムボンの笑いの表現で張り合い、また、クラムボンが死んだのか殺されたのかの点で張り合っていた。第二話では、どちらの吐く泡が大きいかで張り合っている。弟のかにが兄に挑戦し、兄も弟を説得しようとするが、まだ競争心が満々である。そこで、お父さんが登場し、判断を下す。

④天井の上からの到来者

第一話では、かわせみが魚を上空から襲う「こわい」出来事があった。これは、クラムボンを魚が襲い、魚をかわせみが襲う弱肉強食の出来事である。

第二話では、「そのとき、トブン。」と何かが天井の上から飛び込んできて、子どもらは首をすくめるが、お父さんは「あれはやまなしだ。」といって、落下してきた果実の流れる方へ子どもらを誘う。すると、まず嗅覚を刺激する「いいにおい」が表され、次に、親子のかにが一つにまとめられ、「三びき」と表現される。三びきのかには、円いやまなしの後を追うのであるが、続く二つの段落は本教材で最も幻想的な文章になっている。その二段落の最初の一文を引用する。

その横歩きと、底の黒い三つのかげ法師が、合わせて六つ、おどるようにして、やまなしの円いかげを追いました。

この文は、語り手の視点で表現されている。語り手は、かにの親子の住処のある谷川の上から、月光に照らされながらゆっくりと流れ下るやまなしと、それを追いかけるかにの親子を描写している。「合わせて六つ」はかにの親子とそのかげ法師を合わせた数である。「おどるようにして」は谷川の流れに抗いながら追うかにの親子の姿を表している。なお、やまなしは果実なので、普通は「丸い」と表現するが、この場面は幻灯による映像であるので、平板な形態を表す「円い」で表現している。

⑤聴覚、視覚、嗅覚を駆使した表現を読む

まもなく、水はサラサラ鳴り、天井の波はいよいよ青いほのおを上げ、やまなしは横になって木の枝に引っかかって止まり、その上には、月光のにじがもかもか集まりました。

この文は、熟して落下してきたやまなしによってもたらされる聴覚、視覚、嗅覚を駆使した描写になっている。この一文は、第二話の結びの二文と合わさって、教材「やまなし」の最も幻想的な表現になっている。そのことを具体的に説明しておきたい。

「水はサラサラ鳴り」の「サラサラ」は、オノマトペで普通「水はサラサラ流れる」のように表す。ところが、本文は聴覚表現を強調して「サラサラ鳴り」になっている。すでに水がサラサラと軽やかな音を立てて流れる微粒子になっている。次に「天井の波はいよいよ青いほのおを上げ」は、第二話の最初に取り上げた比喩表現を受けて、「いよいよ」で明らかなように実景として表現されている。更に、木の枝に引っかかって止まったやまなしには「月光のにじがもかもか集ま」ってきたと表現されている。月光が「にじ」として表現され、しかも何か柔らかな物体としての「にじ」がいくつもいくつも果実のやまなしを取り巻くように集まってきたというのである。「もかもか」というオノマトペに注目したい。

⑥三びきのかにの会話

「どうだ、やっぱりやまなしだよ。よく熟している。いいにおいだろう。」

「おいしそうだね、お父さん。」

「待て待て。もう二日ばかり待つとね、こいつは下へしずんでくる。それから、ひとりでにおいしいお酒ができるから。さあ、もう帰ってねよう。おいで。」

親子のかには三びき、自分らの穴に帰っていきます。

この会話を読むと、お父さんの会話文はどれとどれかがわかるが、子どもの会話文は、もう兄弟のどちらの発話なのか曖昧になっている。やまなしを追いかけて木の枝に止まった果実を間近から確かめ、その放つ芳香にうっとりしながら、もう二日ばかり待とうとお父さんは説得する。「おいしそうだね、お父さん」と「待て待て。」のやり取りはいかにも期待で弾む感じである。

⑦結びの地の文

波は、いよいよ青白いほのおをゆらゆらと上げました。それはまた、金剛石の粉をはいているようでした。

「いよいよ」は、〈いっそう、前よりも一段と〉という意味で、事態を強調する。第二話の第三文の「天井では、波が青白い火を燃やしたり消したりしているよう。」は、実景でなく比喩表現であった。ところが、結びでは、「青白い火を燃やしたり消したりしている」事態が実景として表され、それを受けて、金剛石の粉をはいているようだという最高の比喩表現を導き出しているのである。

4　第一話と第二話を対比的に読む

二枚の幻灯で導かれた二つの物語は、月日の経過による変化を物語ると同時に、その違いを鮮明にする。

(1)　第一話の万物繁茂の季節の出来事

かば桜の咲く五月の早朝、かにの子どもらは目覚めたまま、住まいの庭のような場所に出て、谷川の流れを見上げている。途中で朝日が射しこんでくる。クラムボンが機嫌よくはねている。魚が上流と下流を行き来している。魚はクラムボンを捕獲している。突然、上空から何かが飛びこんできて魚がいなくなる。子どもらは居すくまる。すると、お父さんが、あれはかわせみだと言い、自分たちに危害を加えないと説明する。(余談であるが、作者の構想「花鳥童話集」には「やまなし」や「よだかの星」「いちょうの実」などが題名は違うが含まれている。「よだかの星」にはかわせみも登場する。「いちょうの実」からいえば果実の「やまなし」にも母なる樹木からの旅立ちがあったことになる。なお、「鯉」や「蟹」という作品も構想の中にあった。)

(2) 晩秋の実りの季節の出来事

晩秋あるいは初冬の季節で、かにの子どもらの就寝の時刻である。月光が谷川の底まで青白い光を届かせている。子どもらはどちらの吐く泡が大きいかの競争に夢中になる。「そのとき、トブン。」という何かが谷川に飛び込む音がして、兄弟は首をすくめてこわがる。お父さんはしっかり見定めて、あれはやまなしだという。そして、「(やまなしに)ついていってみよう」と子どもらを誘って下流に流れるやまなしを追いかける。

すると、木の枝で止まったやまなしの芳香から谷川の水が変容し、月光を受けた波が金剛石の粉をはいているような谷川に変貌する。

5 額縁の結びの部分の理解

(始め) 小さな谷川の底を写した、二枚の青い幻灯です。

(結び) 私の幻灯は、これでおしまいであります。

再度額縁の表現を引用したが、額縁は、この作品では二つの物語を包み込む語り手の立場からの表現である。「始め」の文は、二枚の幻灯という表現で、二つの物語を二枚の映像で提示している。他方、「結び」では「おしまい」という用語に明らかなようにかにの親子の動静を物語ってきた時間的線状的な性格が表現されている。

6 作品題の意味と主題

この作品の題名の「やまなし」は、晩秋に熟して谷川に落下した果実である。かにの親子に恵みとして落ちてきて、その芳香によって谷川の水や月光などまでが見事な美しさに変化する。しかも、かにの親子はすぐには食べないで、もっと熟すまで待とうとする。

主題としては、五月の第一話と十二月の第二話を対比させて、第一話は万物が活発に活動する五月の活発な世界を描き、十二月は果実の発酵を楽しみながら「待つ」生活を描く。弱肉強食の五月の世界を全面的に否定するのでなく、十二月の静謐な世界への移りを良しとする作品として読みたい。

私は一九七五年以降の四年間「文学教材の研究方法—宮沢賢治『やまなし』を中心に—」(『愛知教育大学研究報告』第二十五〜二十八集)を執筆した。四百字詰原稿用紙で二百十枚の分量である。本稿はこの考察を継承している。

2　文章の内容・形式面を一体的に読み取ることを心掛ける

大内　善一（茨城大学名誉教授）

1　筆者が取り組んできた教材研究論構築の歩み

筆者は大学の教員になる前に国公立の小・中学校教員を十六年間務めた。大学の教員になってから真っ先に取り組んだのが〈読み〉の教材研究論を構築することであった。小・中学校の教員をしていた時に身に染みて難儀したのが国語科の〈読み〉の教材研究だったからである。その頃、教材研究に役立てるために筆者が手にすることの出来た参考文献と言えば、主に国文学畑で行われていた「作品解釈論」がほとんどであった。これらの論は、要するに学習者不在の作品研究であり、実際の授業の構想に結び付けることのできない研究だったのである。まして説明的文章教材に適用できる教材研究論などは無いに等しかった。

そこで筆者は大学で国語科教育学を担当することになってから国語科の実践理論としての教材研究論の構築に取り組んだ。それが『国語科教材分析の観点と方法』（一九九〇年二月、明治図書）である。この小著をまとめるのには予想外に難儀して足かけ五年ほどを費やしてしまった。この本の詳細に関しては、『国語授業の改革14』（二〇一四年八月）の中で「国語科の『教科内容』は教材内容との一体性を前提に考えられていくべきである」と題して述べてある。参照して頂ければ幸いである。なお、この本は十一版ほどを数えてその後絶版となっている。

その後、この本を土台として国語科の読解教材に代わる〈読解スキル〉の教材として『修辞的思考を陶冶する教材開発』（二〇一八年五月、溪水社）を上梓した。なお、この本では、これまでの国語教科書が作家や評論家などが書いた作品や文章をほとんど丸投げの形で取り上げていることの問題性を根底から批判して、このような読解教材に代わる教材を開発すべきことを主張している。国語科の読解教材の問題点は、算数や社会・理科などの教科書教材と比べるとひと目で理解されるはずである。算数や社会・理科の教材は全て書き下ろしである。国語科だけが作家や評論家の書いた作品に丸ごと依存している。この安直さが小・中学校の教員に困難な教材研究を強いていると見なすことも出来るのである。筆者のこの小著での提案自体が今回の特集テーマ「国語科の教材研究力を高めるための方略」ともなっているので是非とも御一読頂ければ幸いである。

2　筆者の教材研究論の支柱となっている二つの理論

前節で取り上げた筆者の二著における教材研究論の支柱となっている二つの基礎理論がある。一つは文章心理学者の波多野完治から学んだ「緊張体系」論（波多野著『文章心理学〈新稿〉』一九六五年九月、大日本図書）である。これは、文章には文章の意味（＝叙述・記述内容）がもたらす緊張体系と文章の言語構造（＝叙述・記述形式）によって生じる緊張体系との二つがあり、これら二つがうまく重なり合うと極めて大きな表現効果がもたらされるという考え方である。

もう一つは、修辞学の理論である。この理論は、やはり波多野完治の『現代レトリック』（一九七三年五月、大日本図書）やロラン・バルト／沢崎浩平訳『旧修辞学』（一九七九年四月、みすず書房）などから学んだ。修辞学の三部門、「発想 invention」「構成・配置 disposition」「修辞 elocution」が先に取り上げた筆者の二著を構成する大きな三つの観点となっている。修辞学理論は、書き方の技術体系であるから「発想」「構成・配置」「修辞」の順序で成り立っている。これを文章を読んでいくための観点として微視的な柱から巨視的な柱へと順序を逆にして設定してある。前掲書の『国語科教材分析の観点と方法』の中ではこれらの三つの大きな柱の下に十三個の中項目と五十個の小項目とを構造的に配置している。これらについても、前掲の『国語授業の改革14』における拙稿に引用しているので参照せられたい。

3　内容・形式面を一体的に読み取るための方略

筆者は右に述べてきた二つの基礎理論に導かれて「文章の内容・形式を一体的に読み取る授業」づくりの提案を行っている。この内容・形式一体論は至極当たり前の考え方のはずである。しかし、これまでの国語科の授業では、「内容」（＝事柄・内容主義）偏重の指導か、逆に「形式」（＝言語形式主義）偏重の指導かの両極に偏向する傾向があった。これまでの国語科教育はこの当然すぎる課題に正面から向き合ってきたとは言い難い。そのために、文学教材の指導は道徳の指導に陥ったり、説明文教材の指導は社会科や理科の学習と紛らわしい指導に陥ってきた。そこで筆者は、茨城・秋田の国語教育架け橋の会の人たちと『文章の内容・形式を一体的に読み取る国語科授業の創造』【小学校編】【中学校編】（二〇一三年十二月、溪水社）の二著を編著として上梓した。

右の二著には、小学校教員十七名、中学校教員八名の計二十五名がそれぞれ自分が担当する学年の教科書教材で教材研究（＝「学習者の読みの予想」を踏まえた「教材の分析」と「授業の構想」）を行い、実際に授業を行ってその「授業展開の記録」まで記述してもらっている。

教材研究としてまず最初に行わなければならないのが「学習者の読みの予想」である。この作業は、筆者の教材研究論の中では必須の事項である。この作業は、筆者が秋田大学に在職していた折に小学校の五人の教員とチームを組んで行った拙編著『「白いぼうし」の教材研究と全授業記録』（『実践国語研究』別冊・№一一九、一九九二年八月、明治図書）の取り組み以来一貫して踏襲されている。

なぜ「学習者の読みの予想」を行うのか。言うまでもなく、学習者である子どもの立場で教材を捉え直すためである。この作業を入れることがいわゆる「作品研究」などと決定的に異なるところである。教育は子どもの目の高さに立つところから始まる。これが出来なければ読みの指導も出来るはずがない。子どもの目の高さに立つことなく一方的な大人の読みに囚われていたのでは授業の中での子どもの読みに柔軟に対応することはできない。子どもが興味・関心を示すところ、疑問に思うところには書き手の発見的認識や表現意図が記述・叙述されていることが多い。書き手は自分の発見的認識や表現意図を効果的に伝えようとしてその文章・作品を書いているはずである。そして、書き手がその発見的認識や表現意図を読み手に効果的に伝えようと努めたその結果が何らかの記述・叙述形式の上に反映されているはずである。実際の事例についてはこの後で取り上げよう。

次の「教材の分析」の作業は、前掲の拙著『国語科教材分析の観点と方法』の中から、先に『国語授業の改革14』で紹介した五十個の観点を具体的に提示した。

また、「授業の構想」の作業は、「《指導目標》と目標を達成するための発問・指示」までを具体的に記述することにした。ここまで具体的に記述して初めて教材研究は完了したことになる。

以下に、ここまでの作業の概略を紙幅の許す範囲で紹介しておこう。

4 「ビーバーの大工事」（小二）による教材研究

まず、小学校の説明文教材に関する教材研究について概略を紹介しておこう。「ビーバーの大工事」という説明文は、ビーバーという特異な習性・生態を小学校二年生の子どもたちに理解してもらおうとする教材である。

最初に「学習者の読みの予想」を行う。《着眼点―学習者が興味・関心、疑問を抱くところ》となる。

・ダムを作って、川の流れを止めるなんてビーバーはかしこい。／・長さ四五〇メートルのダムなんてとても信じられない。／・木をくわえたまま泳げるなんてびっくり。／五分間や十五分間ももぐれるなんてすごい。／ビーバーはなにも使わないで工事をするのでおもしろい。／どのくらいの時間で木が倒されるのか。／いったいどのくらいの時間でダムと巣ができるのか。

他にも様々な興味・関心、疑問が予想されよう。一応このような読みが予想できるとする。これらの予想の中で、仮に子どもが「長さ四五〇メートルのダムなんてとても信じられない」と読んだとする。実は書き手が最も述べたかったこともこのような驚異的なダムを造ってしまうビーバーという動物の習性なのである。そして、このようなダム造りのプロセスに書き手の発見的認識が何らかの記述形式において現れてきているはずである。そこで、このようなダム造りのプロセスを説明するための記述形式に着目することで教材分析の着眼点（＝切り口）を取り出すことが可能となるのである。

要するに、「学習者の読みの予想」とは教材分析の切り口を学習者の視点（＝思考）に沿う形で取り出すための作業となるのである。

次に行うのが「教材の分析」の作業である。

①《修辞》技法面の分析

○〈声喩＝オノマトペー〉という比喩法への着眼—ビーバーという動物の習性・生態

・ガリガリ、ガリガリ。／・木が、ドシーンと地ひびきをたててたおれます。／・下あごのするどい歯で、ぐいぐいとかじっているのです。／・ドシーン、ドシーン。／・短くかみきり、ずるずると川のほうにひきずっていきます。／・後ろ足で、ぐいぐいとからだをおし進めます。

〈声喩〉は人物や事物・事象の様子、状態を音声化した表現で具象化しようとする描写的な機能をもつ修辞技法である。「ガリガリ」とか「ぐいぐい」という声喩は木の幹をかじる状態・様子を音声化することでこの動物がかなり強い歯を持っていることを表している。「ドシーン」は切り倒された木の大きさを、「ずるずる」は噛み切った木の大きさとビーバーの強い力を想像させる。要するに、これらの声喩は学習者の「ダムを作って川の流れを止めるなんてかしこい」という読みに対応してビーバーの驚くべき習性・生態を具体的に理解させる役割を果たしていることになる。

○〈数詞〉という品詞への着眼—ビーバーという動物の習性・生態

・みきのまわりが五十センチメートルもある大きな木が／・一度もぐったビーバーは、ふつうで五分間、長いときには十五分間も水の中にいます。／・ダムの中には、高さ二メートル、長さ四百五十メートルもある大きなものもあったということです。

このような〈数詞〉が最もよく使用されるのは説明文教材である。右の数詞は基本的には木の幹の太さやビーバーが水中にいる時間、ダムの規模を説明する機能を有している。これらの数値はいずれもビーバーという動物の不思議な習性とその驚くべき生態に対する書き手の発見的認識とそれを実証的に記述しようとする表現姿勢を表しているのである。

②《文章構造＝構成・配置》面の分析

○〈文章題〉の機能への着眼―ビーバーの生態

・「ビーバーの大工事」という題名はこの説明文の題材である。

〈文章題〉は文章の顔であり、看板であり、〈呼び込み〉の機能も果たしている。主題や要旨とも深く関わっている。「大工事」は「巣作り」を比喩化した表現である。この「巣作り」が長さ四百五十メートルもの巨大なダムを作り川をせき止めその中に島のような住み家を造るといった大作業なので「大工事」という表現が選び取られたのである。ここにビーバーの生きるための知恵や工夫、その生態に対する書き手の発見的認識が象徴的に現れているのである。

続いて、教材研究の仕上げとして「授業の構想」という作業が行われる。〈声喩〉と〈数詞〉と〈文章題〉から次のような《指導目標》と発問・指示が設定される。

目標の設定方法に教材の形式面と内容面とを一体的に読み取らせるという意図が込められていることに注目して頂きたい。

①〈声喩＝オノマトペー〉がビーバーという動物の性格や仕事ぶりを表していることを理解させる。・皆さんがおせんべいを食べる時の音はどんな音かな。「ガリガリ」という音と比べるとどんなことが分かりますか。

②〈数詞〉がビーバーの生態や習性に対する見方・考え方と、それを客観的に表そうとする姿勢を表していることを理解させる。

・五十センチメートルの幹の太さを皆さんの両腕で表してみましょう。

③〈文章題〉がビーバーの知恵や工夫や生態に対する書き手の見方・考え方を表していることを理解させる。

・この題名を「ビーバーの巣作り」としてはいけないのですか。

・皆さんは「大工事」というとどんな仕事を思い浮かべますか。

5 「故郷」（中三）による教材研究

〔学習者の読みの予想〕

・少年時代の「わたし」と「ルントー」との思い出の

場面が生き生きと描かれていて懐かしいアルバムを見ているような錯覚にとらわれた。／・少年時代の二人の姿と再会した時の二人の関係の落差に驚き何が二人をこのように変えてしまったのかに強い関心を抱かされた。／・「わたし」と「ルントー」との間にできた「悲しむべき厚い壁」がなぜできたのかその厚い壁の正体は何なのかに関心を抱いた。／・「ホンル」や「シュイション」たちも「わたし」や「ルントー」たちのような関係になっていくのだろうか。

生徒が「『わたし』と『ルントー』の間にできてしまった『悲しむべき厚い壁』はなぜできてしまったのか」という疑問を抱いたとする。この疑問はこの小説の中心的な内容に通じている。この二人の人物の関係は〈対比法〉や〈描写〉という修辞技法によってその隔絶した生活の様子がリアルに描き出されている。これらの修辞技法を手掛かりに「悲しむべき厚い壁」の正体を明らかにしていくことができるはずである。

〔教材の分析〕

①《修辞》技法面の分析

〇〈対比法〉と〈描写〉という修辞技法への着眼―「ルントー」や「ヤンおばさん」という人物の対比的な描き方

【少年時代のルントー】

・「その真ん中に十一、二歳の少年が、銀の首輪をつるし、鉄の刺叉を手にして立っている。」

・「つやのいい丸顔で、小さな毛織りの帽子をかぶり、きらきら光る銀の首輪をはめていた。」

（以下略）

【現在のルントー】

・「背丈は倍ほどになり、昔のつやのいい丸顔は、今では黄ばんだ色に変わり、しかも深いしわが畳まれていた。（中略）頭には古ぼけた毛織りの帽子、身には薄手の綿入れ一枚、全身ぶるぶる震えている。」

（以下略）

「ヤンおばさん」については省略するが、二人の人物の姿が〈対比法〉と〈描写〉の修辞技法によって生き生きと描き出されている。省略してしまったが、「ヤンおばさん」については、会話文によってこの人物の口ぶりが浮かび上がってくるような効果がもたらされている。

②〈比喩法＝隠喩〉という修辞技法への着眼―「わたし」

や「ルントー」の内面、置かれている立場の違いを暗に象徴している。

・「すいかには、こんな危険な経歴があるものなのか。わたしはすいかといえば、果物屋に売っているものとばかり思っていた。」

・「ああ、ルントーの心は神秘の宝庫で、わたしの遊び仲間とは大違いだ。」

・「彼は突っ立ったままだった。喜びと寂しさの色が顔に現れた。」

・「わたしは身震いしたらしかった。悲しむべき厚い壁が、二人の間を隔ててしまったのを感じた。」

〈直喩〉と違って右のような〈隠喩〉の表現は見出すことがなかなか難しい。二つの物の間で直接にはつながらない結びつきが慣用的な意味用法や論理性などから飛躍している場合、これを〈隠喩〉と呼ぶのである。隠喩の捉え方は少し厄介である。「すいかにはこんな危険な経歴がある」については、スイカを巡る冒険に満ちたハラハラドキドキするような出来事のことを「こんな危険な経歴」という言い方で表しているのである。「神秘の宝庫」については、ルントーの心の中に他人の好奇心やあこがれを掻き立てるような秘密めいた謎がたくさん隠されているように思われるということである。「悲しむべき厚い壁」とは、幼い頃の分け隔てのない心の通い合う状態から身分の違いや生活の違いを意識せざるを得ない状態のことを表していると見なせる。

②《文章構造》面の分析

○〈反復の筋〉という筋立てへの着眼―「わたし」という人物の故郷に対する想い

・「別れて二十年にもなる故郷」／・「かたときも忘れることのなかった故郷」／・「わたしの覚えている故郷」／・「わたしの故郷」／・「もともと故郷はこんなふうなのだ」／・「故郷に別れを告げに来たのである。」／・「なじみ深い故郷」／・「わたしはやっと美しい故郷を見た思いがした。」

右のような八箇所に及ぶ「故郷」に関する叙述に「わたし」の故郷に対する想いと現在の心境とのギャップ、一種の諦めに似た気持ちが読み取れるはずである。

「授業の構想」に関しては、紙幅の都合で省略とせざるを得ない。基本的には、「ビーバーの大工事」の場合と同様な方法で《指導目標》と発問・指示を設定する。

3　異化された表現とその効果を明らかにする
――「文学的な見方・考え方」を育てるために

鶴田　清司（都留文科大学名誉教授）

1　教材研究の方法―〈教材解釈〉と〈教材分析〉―

私は『文学教育における〈解釈〉と〈分析〉』（一九八八年、明治図書）以来、「深い学び」を生み出すための教材研究法として〈教材解釈〉と〈教材分析〉という二つの方法を提案している。詳しくは、拙著『〈解釈〉と〈分析〉の統合をめざす文学教育―新しい解釈学理論を手がかりに―』（二〇一〇年、学文社）を参照していただきたいが、現在手に入りにくいので、ここで少しだけ〈教材解釈〉と〈教材分析〉について説明しておく。（なお、早稲田大学リポジトリから著者名で検索すれば原文を自由に閲覧することができる。）

○〈教材解釈〉……主観的・個人的な生活経験の中で形成されてきた暗黙的な〈前理解〉に基づいて行われる理解（読み）の方法。ある事柄についての自分自身の知識・感覚・感情・価値観・道徳・興味・関心・問題意識などを総動員しつつ、生身の人間として教材と〈対話〉すること（テクストの内部から湧き上がってくるような問いに対して自分なりに答えていくこと）によって新しい意味を発見していくという開放的（出会いによって読者の地平が広がる）・一回的（その時限りの）・歴史的な（その時代・時期に固有の）読み。〈前理解〉は絶えず変化し更新されるため、新しい作品理解や自己理解が得られる。

○〈教材分析〉……客観的・科学的に確立された公的・明示的な規準（分析コード）に依拠して行われる理解（読み）の方法。文章（教材）を分析するための武器・道具（ものさし）を使って、それを対象に適用することによって新しい意味を発見していくという外挿的（外から枠組を持ち込む）・普遍的（いつでもどこでも使える）・非歴史的な（いつの時代にも変わらない）読み。〈分析コード〉によって対象を演繹的に説明するため、それが変化・更新することはほとんどない。代表的な分析のものさし（コード）として、表現論・構造論・視点論・人物論・文体論などがある。

平たく言えば、**〈解釈〉とは個人の生活経験に基づく読み方であり、〈分析〉とは科学的なものさし（文芸学・表現学・文章理論など）に基づく読み方である。**

以上のような〈解釈〉と〈分析〉の原理的な区別を具体的な事例の中で示していくことにしよう。

代表的な詩教材である「雪」（三好達治）を例にして、〈解釈〉と〈分析〉のちがいを見ていこう。

雪　三好達治

太郎を眠らせ、太郎の屋根に雪ふりつむ。
次郎を眠らせ、次郎の屋根に雪ふりつむ。

この詩に対面して、音読や朗読を生かしながら、「どんな感じがするか」「どんな情景が浮かんでくるか」「どんな雪がどれくらい降り積もっているか」「太郎と次郎は誰か（何か）」「眠らせたのは誰か（何か）」といったテキストの内側から湧き上がってくる問いに対して、一つ一つの言葉に寄り添いながら自分なりに答えていくのが〈解釈〉である。これは当然、人によって異なった結果が生じる。太郎と次郎を兄弟と見る読者もいれば、遊び友達と見る読者もいる。また、同じ読者でも読む時期・場所・状況によって〈解釈〉が異なってくることもある。小学校時代には「太郎や次郎は犬である」と思っていた読者が、いつしか「太郎と次郎は幼い兄弟である」という考えに変わることもある。また、雪の夜の静けさだけをイメージしていた読者が、自分の故郷さらには日本の伝統的な世界（自然・風景）に郷愁を感じるようになる場合もある。老境に入る、子どもが生まれる、病床に就くなど、読者の状況の変化も読みに大きく影響するだろう。こうして、過去から伝承された作品の新生面を発見した現代の読者は、それまでの自己の「先入見」（ある一つの地平から見た限定された理解内容）を自覚するとともに、そういう自己をより大きな地平の中でとらえ直すという「新しい自己理解」を得ることができる。

一方、「詩の技法としての曖昧さや省略はどこにあるか」「反復的表現の効果はどうか」「読点がない場合と比べてどんなちがいがあるか」「比喩が使われているとすればどれか」「現在形の文末から何が分かるか」「起承転結の転はどこか、転がないとすれば何を意味しているか」といったテキストには内在していない異質の問いに答えていくのが〈分析〉である。これは作品の外側にある科学的・客観的な規準（ものさし）に基づいて「雪」という詩の意味を明らかにしようという試みである。これは、十人十色の〈解釈〉とちがって、「反復」「読点」「現在形」などの表現効果について誰が見てもほぼ一致できるような読み（例えば「反復によって、雪がずっと降り続いていくような感じを与える」「読点による切れが静寂さをもたらす」）が生じやすい。それらの問いは文学の読み方の定式（コードまたはレパートリー）になっているので、時代が変わっても、読者の状況が変わっても、作品が変わっても、いつでも同じような手法・手順で行われることになる。つまり、〈解釈〉とちがって、方法論が明確であり、普遍的に広く通用する読み方であると言える。

以下、私が提唱している「作品分析法（読みの技術）」を示す。

①構成を読み解く技術

a 題名の意味を考える。
b 設定（時・人・場）を明らかにする。
c 全体構成（冒頭・発端・山場・結末、起承転結、前半後半など）を明らかにする。
d 事件の伏線を明らかにする。
e 事件や人物の転換点（クライマックス）を明らかにする。
f 場面に分けて、事件やあらすじを捉える。

②表現を読み解く技術

a 類比（反復）と対比の関係を捉える。
b イメージ語（視覚・聴覚・嗅覚・味覚・触覚の感覚表現）を捉える。
c 色彩語、比喩、擬人法、オノマトペなどを捉える。
d 象徴性を読み解く。
e 倒置法、省略法、誇張法・体言止めなどを捉える。
f 作型（描写、説明、会話、叙事、表明）の効果を明らかにする。
g 文字表記、句読点、区切り符号（ダッシュ、リーダーなど）、字配り、字形などの効果を明らかにする。

h韻律の特徴や効果を明らかにする。

③視点を読み解く技術

a作者と話者（語り手）を区別する。

b内の目（主観視点）と外の目（客観視点）を区別する。

c同化体験（人物の気持ちになる）と異化体験（人物を外から眺める）、共体験（両者の混合）を成立させる。

d一人称視点と三人称視点の効果を明らかにする。

e視点人物と対象人物、視点の転換などを捉える。

④人物を読み解く技術

a中心人物を捉える。

b主役と対役を明らかにする。

c人物描写などから人物像や心情を捉える。

d中心人物の人物像の変化や心の転換点を捉える。

e中心人物がこだわっているもの・こと（主材）を明らかにする。

f人物の姓名・呼称の意味を考える。

g人物を典型として捉える。

⑤文体を読み解く技術

a語り方（語り口）の特徴を捉える。

b話法（直接話法・間接話法・自由間接話法）を明らかにする。

c文末表現、余情表現、常体と敬体、文の長さなどの効果を明らかにする。

d異化された表現（非日常的で不思議な表現）とその効果を明らかにする。

e矛盾した表現（パラドックス）とその効果を明らかにする。

f作調（明暗・喜劇・悲劇・叙情・感傷・風刺・ユーモア・アイロニーなど）を明らかにする。

これらは児童・生徒に身につけさせたい「読みの技術（作品分析法）」であるが、そのまえに何よりも教師自身の「読みの技術（作品分析法）」である。教材研究においては〈教材分析〉の観点・方法となる。

本稿では、学習指導要領で「深い学び」のために必要だと言われている「その教科等ならではの見方・考え方」とは何かという問題と関連づけて、国語科の教材研究法について考えていきたい。特に、文学教材の授業に限定して、「文学的な見方・考え方」を育てるという観点から、文学教材の研究法について述べていくことにしたい。

2　国語科固有の「見方・考え方」とは何か

周知のように、現行の学習指導要領（二〇一七年告示）では、「主体的・対話的で深い学び」の推進が謳われている。また、中央教育審議会答申（二〇一六年十二月）では、特に「深い学び」の実現のためには、「各教科等の特質に応じた『見方・考え方』を働かせ」ることが必要であると述べられている。

> 各教科等の「見方・考え方」は、「どのような視点で物事を捉え、どのような考え方で思考していくのか」というその教科等ならではの物事を捉える視点や考え方である。各教科等を学ぶ本質的な意義の中核をなすものであり、教科等の学習と社会をつなぐものである（以下略）。（『小学校学習指導要領解説・総則編』）

国語科では、次のような「言葉による見方・考え方」が示された。

> 言葉による見方・考え方を働かせるとは、児童が学習の中で、対象と言葉、言葉と言葉との関係を、言葉の意味、働き、使い方等に着目して捉えたり問い直したりして、言葉への自覚を高めることであると考えられる。（『小学校学習指導要領解説・国語編』）

他教科における「見方・考え方」と比べて、国語科はそれを措定しにくいという事情を差し引いても、この説明は分かりにくい。この程度の内容なら、あえて「見方・考え方」という言葉を使わなくてもよいだろう。

私は、「国語科ならではの見方・考え方」として、こうした「言葉による見方・考え方」に代わって、記号論的な観点から、論理的な見方・考え方と文学的な見方・考え方という二分法を提案している。

まずは言語を「日常言語」と「文学言語」に分ける。前者は言語論理教育の対象として、主に論理的思考力・表現力、正確な伝達という側面に関与する。後者は、文学教育の対象として、主に文学的認識（異化）、想像力、言語感覚の側面に関与する。そこにはレトリック認識（詩的なものの見方・考え方）としての対比・比喩・擬人化・象徴・曖昧さ、アイロニー・ユーモア等が含まれてくる。これは、ことばの「実用的機能」と「美的機能」

にも対応している（池上嘉彦『記号論への招待』一九八四年、岩波書店）。

本稿では、「文学的な見方・考え方」とそれをふまえた教材研究の方法について述べていきたい（拙稿「『見方・考え方』を働かせることによる『深い学び』―国語科特有の『見方・考え方』とは何か―」『国語授業の改革19　国語の授業で「言葉による見方・考え方」をどう鍛えるのか』二〇一九年、学文社、も参照）。

3　「文学的な見方・考え方」を育てる教材研究

文学的な見方・考え方（文学的な認識）とは、日常的・固定的な見方・考え方を「異化」して、言葉による新しい世界を創造することである。けっして美文的・修辞的ということではない。既存のありふれた見方・考え方を打破することによって、読者がそこに面白さを感じることになる。大江健三郎は、『新しい文学のために』（一九八八年、岩波新書）の中で、文学の「異化」作用について、次のように述べている（四二～五〇頁）。

> ありふれた、日常的な言葉の、汚れ・クタビレをいかに洗い流し、仕立てなおして、その言葉を、人間がいま発見したばかりででもあるかのように新しくすること、いかに見なれない、不思議なものとするか、ということだ。（中略）この文章に書かれていることは、知覚において知っている。しかしこれまでそれがこのように書かれているのを見たことがない。このように実感したこともない。それは見なれない、不思議な書き方であって、しかも確かにこれは真実だと実感される…　これが「異化」ということを見る、ひとつの指標である。

例えば、芭蕉の「古池や蛙飛び込む水の音」は、蛙の鳴き声を愛でるという日本古来の伝統的な見方・考え方をひっくり返して、蛙の存在を「水の音」によって表現したところが新しさである。これによって古池に生命が吹き込まれて、味わい深い作品になっている。それまでの日常的・固定的な見方・考え方を「異化」することによって、日常を超えた新しい見方・考え方（世界観）を開示しているのである。

しかしながら、従来の俳句教材において「異化」の学習は十分とは言えない。語句の注釈と表現技法（音数律、季語、切字、句切れなど）の学習にとどまる傾向がある。むしろ、それによっていかなる新しい世界が造形されているのかということがポイントである。そこが「深い学び」の入口となる。物語や小説でも同じである。

こうした文学的な見方・考え方を育てるために、まずは教師の教材研究が重要になる。

先にあげた「読みの技術（作品分析法）」の中の「文体を読み解く技術」の中に「異化された表現（非日常的で不思議な表現）とその効果を明らかにする」という読みの技術がある。そこでは「普通と違う表現、不思議な表現はないか？」「どうしてそれが面白いのか？」という問いが必要になる。

水平線　　　　小泉周二

水平線がある／一直線にある／ゆれているはずなのに／一直線にある／／水平線がある／はっきりとある／空とはちがうぞと／はっきりとある／／水平線がある／どこまでもある／ほんとうの強さみたいに／どこまでもある

普通は「水平線がある」とは言わない。「水平線が見える」などと言うだろう。まさに「見なれない、不思議な書き方」であるが、「ある」という表現によって、水平線が空と海の境界線ではなく、確固たる存在、実体であるかのような新しい認識が生まれている。

シマウマ　　　　まど・みちお

手製の／おりに／入っている

シマウマは動物園の檻の中にいるという日常的な見方・考え方が「異化」され、新しい見方・考え方（擬人的認識）が生まれている。このシマウマは自分で自分を束縛するかのような存在の象徴として描かれている。

物語教材でも「異化」は（程度の差はあれ）見られる。「やまなし」（宮沢賢治）では、「クラムボンはかぷかぷ笑ったよ」「そのとき、トブン」などのオノマトペがあげられる。「かぷかぷ」という異様な笑い方は読者の多様な想像を誘発する。「トブン」は、「ポチャン」や「ドボン」といった日常的な表現と違って、やまなしの実の大きさ（数センチ）や質感を効果的に表している。

「大造じいさんとガン」（椋鳩十）では、漢語表現の多用（戦闘開始、真一文字、堂々たる態度、頭領としての威厳、羽音一番など）があげられる。児童文学としては異例の多さで、これによって緊張感・緊迫感に加えて、戦国武将の一騎打ちのようなイメージが生まれている。

「世界一美しいぼくの村」（小林豊）の最後のページは、「その年の冬、村は戦争ではかいされ、今はもうありません。」という一文だけが真ん中に置かれるという異様な書き方になっている。読者は平和な春の訪れを期待していたのに、そうした事実が短く語られることで、一瞬で全てを破壊する戦争の非情さが強調されている。

「ごんぎつね」（新美南吉）では、「兵十のかげぼうしをふみふみ行きました」の「ふみふみ」があげられる。普通の表現では「ふみながら行きました」となるだろう。単に話の内容を知りたいだけなら、そんな動作はしないはずである。「ふみふみ」という表現にはごんの強い意志が感じられる。

次のような授業事例がある（拙著『なぜ「ごんぎつね」は定番教材になったのか―国語教師のための「ごんぎつね」入門―』二〇二〇年、明治図書、五三〜五四頁）。

T　うん、ふみふみ歩いたことある？　ふみながら、じゃなくて。

C　あるある。駅とか歩いていて道にレンガとかあったら、ぴょんぴょん選んで踏んでいく。

C　あ〜、好きな色だけ踏むとか、やるやる。（中略）

C　それは兵十が好きだから。好きな人のかげを踏んだらうれしい。

「ふみふみ」は、ごんが兵十と一体化しようとする姿、好きな人と一緒にいたいという求愛行動である。だから、「神様のしわざ」にされて「おれは引き合わないなあ」と思っても、翌日もまた栗を持っていく。しかも「固めて」置くのである。その行為も読者の生活経験に基づいて〈解釈〉することで、ごんの思い、さらに両者の断絶の大きさが切実に理解できるだろう（前掲書を参照）。

以上のように「異化された表現とその効果を明らかにする」ためには、普通の表現と比べて読むことが有効である。文学の教材研究のポイントと言えよう。

4　説明的文章の教材研究としての批判的読みの対象・観点の精選

吉川　芳則（兵庫教育大学大学院）

1　研究の目的―説明的文章の教材研究の課題

読むことの教材研究のあり方について、森田信義（一九八九）は、常に基本となるのは、教師による、教材の深い読みであると述べた[1]。また森田信義（一九九二）では、指導者自身が子どもに求める読みを実現していなくてはならないことを指摘した[2]。自らが読み手となって、文章の読みを体験するのであり、この読みが、後に展開される授業の質を決定するといってもよいとした。問題は、その際にどのような読みが求められているのか、必要なのかを、指導者が理解しているか、である。

説明的文章の場合、森田は「確認読み」だけで終わっていることが少なくないことを問題視した[3]。森田の言う確認読みとは、教材の内容、論理、表現を「確認するための読み」である。森田は、自分の読みを超えて新しい読みの授業を展開することは、一般的に、困難ないしは不可能であると述べている。森田の言う確認読みのレベルにとどまらない「新しい読み」とは、文章を評価、吟味する読み、いわゆる批判的読みである（森田は「評価読み」と呼んでいる）。批判的読みは、PISA調査における「熟考・評価」の読みとして注目され、平成二九年版学習指導要領でも中学校三年生の「読むこと」の指導事項に位置付けられるなど、先に森田が指摘した当時とは違って、それに対する一般的な意識は向上している。また先行研究としても、後で検討するように主張されてきた。しかし、多忙な現場教員、とりわけ国語科を専門にしない者も多い小学校教員にとって詳細に過ぎず、複雑過ぎないものとして、批判的に読むとは何を、どのように読めばよいのか、どのように授業づくりにつなげるとよいのかについての研究は十分ではない。そこで本稿では、説明的文章の教材研究としての批判的読みのあり方（観点、対象）を精選することを試みた。

2　研究の方法

　まず、説明的文章領域の授業における批判的読みの導入を早くから提唱し、後続の実践研究に少なからず影響を与えたと見なされる森田信義、井上尚美、阿部昇の研究成果を対象に、それぞれが提示した批判的読みの観点、対象の異同を検討し、三者が共通的に位置付けた内容を整理、分析して抽出、精選した。さらに導出した観点、対象に基づいて教材「ウナギのなぞを追って」（光村四年）の批判的読みによる教材研究を具体的に行い、活用の可能性を提示した。

3　先行研究における批判的読みの対象、観点の整理

(1) 三者の批判的読みの概要

　森田信義は、説明的文章の読みには先述したように「確認読み」と「評価読み」の二種があるとした（森田、一九九一、二八四頁）。森田は教材研究として評価読みがなされるべきだとして、そのための教材研究の観点として、「ことがら・内容選びの工夫」「論理展開の工夫」「表現の工夫」「筆者」を挙げた（二八七〜二八八頁）。森田は、「評価」も「吟味」も問題があれば何がどのように問題であるかを明らかにする行為であり、さらに問題をも克服していこうとする行為でもあること、これは他者が生み出した情報に主体的に対応しようとする者にとっては必須の行為であることを述べた。

　阿部昇（一九九六）は、批判的読みに当たる「吟味よみ」を提唱した。[4] 吟味よみの具体的な方向性を説明文と論説文とに分け、説明文については「論理・ことがらによる説明」の妥当、不十分さ、誤りを、論説文については「論理・ことがらによる推理」の整合、許容できない飛躍、矛盾の観点を設定した。さらにそれらをまとめて整理する形で「『吟味よみ』の方法」として三つの枠組みを立てた。すなわち「主に『ことがら（事実・意味）』に関しての吟味」「主に『論理』に関しての吟味」「『筆者はなぜ、そのような不十分な書き方をしたのか』について

の吟味」である。これら三つの枠組みの内部事項に関して具体的に観点を整理して示した。

井上尚美（一九九八）は言語論理教育を提唱し、具体的な指導内容を発達段階に応じて提示した。[5] 語については「概念の明確さ」を、文については「判断の正確さ」を、文章については「論の筋道の正しさ」を求め、それぞれに具体的な内容も示した。最終的にはそれらを「批判的な読みのチェックリスト」としてまとめた。

以上、森田、阿部、井上に示された批判的読みの対象・観点を一覧にしたのが表1である。文言の違いはあっても、同様な内容だと思われるものは同列に配した。

結果、「ことがら・内容」と「論理・展開」については、三者共に位置付けられていた。「表現」については、森田と井上が取り上げていた。「筆者」については、森田、阿部が明示し、井上では「筆者」という文言としては挙げられてはいなかった。二者間のみに見られた対象・観点もあったが、内容的には重複しているものもあり、「ことがら・内容」「論理・展開」「表現」「筆者」を批判的読みの対象・観点として設定することは妥当だと考えられた。そこで、これらに対応する具体的な対象・観点として、どのようなものを位置付けることができるのか、三者が主張している具体例について共通点を中心に整理し、批判的読みの教材研究の実際的な対象・観点を定めた。

（2）批判的読みの対象・観点の具体例の分析

表2には、批判的読みの「ことがら・内容」面に関する対象・観点の具体的な例として、三者が取り上げていたものを整理した。表1において同列に配した「ことがら・内容選びの工夫」（森田）、「ことがら（事実・意味）に関しての吟味」（阿部）、「証拠となる資料・事例は十分に整っているか」（井上）の具体例として挙げられていたものについて、同様な内容であると判断したものを横並びにして配列した。

阿部については、二段階に分けられていたため破線で区切って示した。また文献では「論理」に挙げていたものであっても、「ことがら・内容」として位置付けたほうが検討しやすいと判断したものもある。逆に「ことがら」として挙げてあっても「表現」として置いたほうがよいと考え、移動させたものもある。（いずれも*で表示している。）

表１　代表的な先行研究が提示する批判的読みの対象・観点

<table>
<tr><th>検討した
批判的読み</th><th>提唱者</th><th colspan="4">批判的読みの対象・観点</th></tr>
<tr><td>「評価読み」</td><td>森田信義
（1991）</td><td>ことがら・内容選びの工夫</td><td>論理展開の工夫</td><td>表現の工夫</td><td>筆者</td></tr>
<tr><td>「吟味よみ」</td><td>阿部昇
（1996）</td><td>「ことがら（事実・意味）」に関しての吟味</td><td>「論理」に関しての吟味</td><td></td><td>「筆者はなぜ、そのような不十分な書き方をしたのか」（「文章の書かれ方の思想性」の追求）</td></tr>
<tr><td>「批判的な読みのチェックリスト」</td><td>井上尚美
（1998）</td><td>証拠となる資料・事例は十分に整っているか</td><td>論の進め方は正しいか</td><td>語の用法は明確であるか</td><td></td></tr>
</table>

表２　「ことがら・内容」に関する批判的読みの対象・観点

<table>
<tr><th>森田信義（1991）</th><th colspan="2">阿部昇（1996）</th><th>井上尚美（1998）</th><th>「ことがら・内容」の見方</th></tr>
<tr><td>不要なことがらは混入していないか</td><td>書かれていることがらに誤り・問題がないか</td><td>ことがらが現実と対応しているか
（＊残りの具体的な観点は「表現」面に移動し掲載）</td><td>不適切な資料や証拠はないか</td><td>a 正確か、適切か</td></tr>
<tr><td>ことがらの重複はないか</td><td>書かれていることがらに曖昧さがないか</td><td>ことがらが、二つ以上に解釈できて誤解を生じないか
（＊残りの具体的な観点は「表現」面に移動し掲載）</td><td></td><td>b 曖昧さはないか</td></tr>
<tr><td>必要、十分なことがらが選ばれているか</td><td rowspan="3">書かれていることがら選択に不十分さがないか
（＊「論理」面から移動し掲載）</td><td></td><td>証拠となる資料や事例は十分か</td><td>c 必要か、十分か</td></tr>
<tr><td></td><td>典型例はあるが、一面的で不足していないか
（＊「論理」面から移動し掲載）</td><td></td><td></td></tr>
<tr><td>偏りはないか</td><td>典型例ではなく、特殊例ではないか
（＊「論理」面から移動し掲載）</td><td>その事例を代表する典型例か</td><td>d 偏りはないか</td></tr>
<tr><td></td><td></td><td></td><td>隠された資料や証拠はないか</td><td>（e 隠されていないか）</td></tr>
<tr><td></td><td></td><td></td><td>反論の材料となるような、反対の立場からの資料や証拠は考えられないか</td><td>（f 反論はできないか）</td></tr>
</table>

三者または二者に共通する内容は複数認められた。それらがどのような対象・観点のものかをまとめたのが右端の「『ことがら・内容』の見方」の欄に示した以下のａからｄである。

ａ　正確か、適切か　ｂ　曖昧さはないか
ｃ　必要か、十分か　ｄ　偏りはないか
（ｅ　隠されていないか　ｆ　反論はできないか）

一般化した表現としたため、「不要なことがらは混入していないか」（森田、ａの観点）、「典型例ではなく、特殊例ではないか」（阿部、ｄの観点）のような具体例のままのほうがわかりやすい面はある。しかし、細分化され過ぎると、批判的読みの全体像を意識できなかったり、個別の当該具体的観点では読めても、他の見方に目が向かない弊害が出てきたりすることになる。それを避けるための一般化とした。また三者に共通的に目指されていたという点で、汎用性も高いと考えられる。なお、丸括弧の中に入れた「ｅ　隠されていないか」と「ｆ　反論はできないか」については、一者（井上）のみに見られた対象・観点だったが、批判的読みとしては重要だと判断し、サブ的な位置づけで置くことにしたものである。

同様な分析手続きを、残りの「論理・展開」「表現」「筆者」の批判的読みの対象・観点についても行った。得られた具体的な対象・観点は、以下のようである。

「論理・展開」
ｇ　根拠、事例は適切か、十分か／ｈ　根拠、事例と主張との関係は妥当か／（ｉ　隠された仮定・前提（理由・原因・条件）はないか）

「表現」
ｊ　ことばの選び方、用語の使い方が曖昧になっていないか

「筆者」
ｋ　筆者の意図、発想は何か／（ｌ　筆者の意図、発想は妥当か）

これらをひとまとまりにして示したものが図1である。「ことがら・内容」「論理・展開」「表現」「筆者」について共通的に意識したい対象・観点を、「中心となる対象・観点」として中央に置いた。それらとは別に、あるいは連動しながらも、それぞれ固有に着目したい対象・観点を周辺の四つの枠内に別途に置いて示した。「筆者」については、筆者の意図、発想は「ことがら・内容」

「論理・展開」「表現」のそれぞれについて関わるものであるため、二重線囲みにし別枠扱いとした。中央の「曖昧さはないか」「適切・妥当か」「必要か」「十分か」は、説明的文章教材を批判的読みで研究する際の基本的で、原則的な着眼点ということになる。これらは、吉川芳則（二〇一七）で指摘した「読み・検討の観点」ともほぼ重なっている。[6]

4　「対象・観点」を活かした批判的読みの教材研究

以下では、教材文「ウナギのなぞを追って」（光村四年）について、図1の内容を使って批判的読みの例を試みる。

(1)「ことがら・内容」から

本教材には、図と写真が多く掲載されている。冒頭には三枚の写真が縦並びで掲載されている。「目の細かいあみを使って、海の生き物を集め」ているもの、甲板に上げられた大きな「あみの中」の「ウナギの赤ちゃん」を五人がかりで探そうとしているもの、洋上に浮かぶ調査船の概観のものである。「中心となる対象・観点」（以下「対象・観点」）の「必要か」に照らすと、どうだろうか。これは「筆者」にある「意図、発想は」とつなげると、

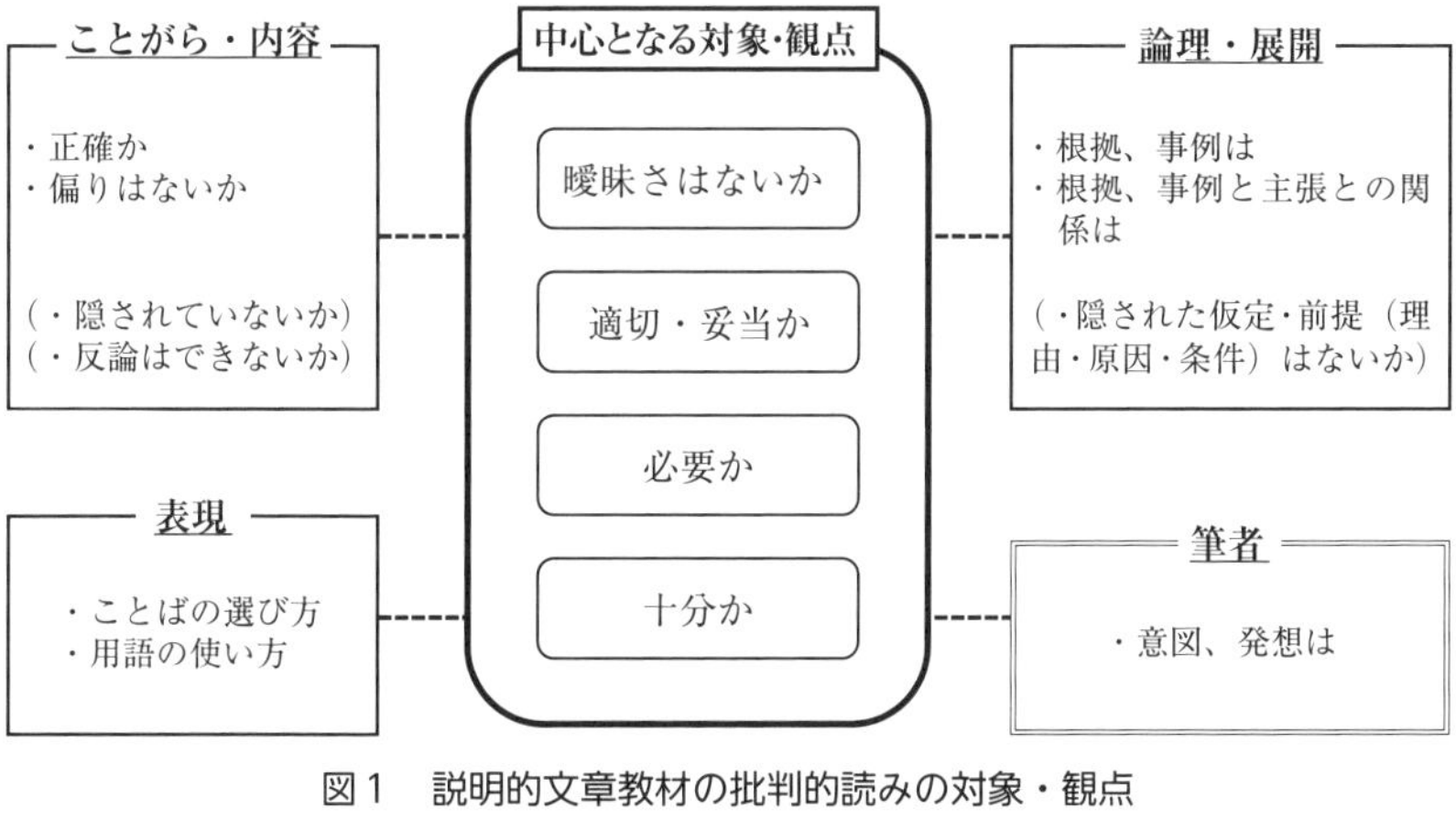

図1　説明的文章教材の批判的読みの対象・観点

なぜこの三枚を載せたかということになる。もちろんたくさん掲載されているほうが視覚情報としての手助けにはなる。が、紙幅の都合もある。必要最小限にしたいし、とくに重要でないもの、なくても困らないものは省きたいとなれば、どれを削除するか、である。「適切・妥当か」の観点からもアプローチできる。その際に筆者の意図、発想を推論し、参考にする。「十分か」の観点からは、削除する代わりにどういう内容の写真なら載っていてもよい（または載せるべき）か、ということにもなる。

同様に、最終ページにある「図7」の「ウナギのたまご」の拡大写真は「必要か」。とくになくてもよいとも思うが。筆者としては載せたかったのだろうか。

(2)「論理・展開」から

本教材は、筆者が行った調査を記録風に記したものである。調査開始時から時間経過に即して活動や発見、考察等を順に述べている。この論述の仕方＝論の展開を「対象・観点」の「適切・妥当か」に即して検討することができる。たまごの場所を突き止めた最後の部分をまず結論的に述べて、そこに至った過程をその後に説明することも可能だからである。読者の立場と、研究者である筆者の立場とでは、考え方は違うかもしれないが。

もう少し小さな論述部分では、「図4」に関する箇所がある。ウナギの赤ちゃんのレプトセファルスが「ある地点をこえると、ぱったりととれなくなっている」。そこで「海底の地形図でたしかめると、そこには、大きな三つの海山が、南北に連なってい」ることを見つけ、そこから「親ウナギがたまごを産む場所を決めるときに、これらの海山が何かの役に立っているのかもしれない」と考えを出している。この推論は「適切・妥当か」である。「根拠、事例と主張との関係は」正しいか、必然かと問うことでもある。因果関係はありそうだが、「何かの役に立っているのかもしれない」というのが分かりにくい。どういうことを言おうとしているのだろうか。ことがら的に「曖昧さ」がある。

(3)「表現」から

冒頭第一段落は「（前略）毎年のようにここにやって来るのは、ウナギがどんな一生を送る生き物なのかを調査するためです。あざやかなぐんじょう色の海は、白い船体を青くそめてしまいそうです」となっている。最後の一文は「必要か」と思う。あまりに叙情的である。記録文には似つかない。筆者の意図、発想を探りたい。最終段落の最後に「これらのなぞをとくために、わたしたちは、今年もマリアナの海にやって来たのです」と述べていることとの関係があるのだろうか。

「中」の部分の最終段落でも「ついにそのしゅんかんは、やってきました」「船内は、期待とこうふんに包まれました」「ついに、わたしたちは、ウナギがたまごを産む場所にたどり着くことができたのです」などの主観的な表現が多く見られる。これらは「適切・妥当か」。なぜ、このような書き方をしなければならなかったのだろう。筆者の意図、発想は何か。

5 まとめと課題

本稿では、説明的文章の教材研究に批判的読みを位置付けることの必要性を指摘した。そのために、批判的読みの代表的な実践的先行研究をもとに、何を対象・観点として読めばよいかを図1のように措定した。その際、詳細過ぎず、複雑過ぎないことを旨とした。課題としては、澤口哲弥[6]（二〇一九）や藤森裕治[7]（二〇二〇）等の近年の批判的読みの研究で言及のある、実際の社会生活の中でも使っていけるようにとする観点が位置付けられていないことである。今後の研究に委ねたい。

引用・参考文献

（1）森田信義（一九八九）『筆者の工夫を評価する説明的文章の指導』明治図書、三八頁
（2）森田信義（一九九一）『説明的文章教材の実践研究文献目録　第二集』溪水社、二八六頁
（3）同右
（4）阿部昇（一九九六）『授業づくりのための「説明的文章教材」の徹底批判』明治図書、六八～一一四頁
（5）井上尚美（一九九八）『思考力育成への方略―メタ認知・自己学習・言語論理』明治図書、六〇～七八頁
（6）吉川芳則（二〇一七）『論理的思考力を育てる！批判的読み（クリティカル・リーディング）の授業づくり―説明的文章の指導が変わる理論と方法―』明治図書、三八―四四頁
（7）澤口哲弥（二〇一九）『国語科クリティカル・リーディングの研究』溪水社、四一七～四一八頁
（8）藤森裕治（二〇二〇）「汎用的能力としてのクリティカル・リーディング」『月刊国語教育研究』、No.五八四、日本国語教育学会、二八～三一頁

5　教材研究の深め方
──対話的で深い学びを生み出す「教科する」授業へ

石井　英真（京都大学）

1　教材研究とは何か

教材研究とは、教師が教えたいものを子どもの学びたいものにしていくために、教師自身が教えるべき内容の本質や価値を認識し、教えたいものを明確化するとともに、学びや思考を触発する材（モノや事象やテクストやネタ）、あるいは問いや学習課題をデザインしていく、教師による研究的な活動である。それは、教科の本質的なポイントを外さずに中身のある学びを保障することにつながる。教材研究を行う上では、教える内容（教科内容）とそれを教えるための素材や活動（教材）とを区別することが出発点となる。その上で、教科書などで教材化されている素材や活動の内容や趣旨を理解し、その価値をその教科の本質との関係で捉えなおしてみること（教材解釈）と、教科内容のポイントをふまえた上で、教科書に挙げられている教材を微調整したり、差し替えたりして、新たな教材（ネタ）を生み出すこと（教材開発）、そうした教科内容と教材との間を往復する思考が重要となる。

先生と子どもが腕を広げた長さを比べていて、1メートルのテープでは測り切れない「はしたの長さ」をどう表すかを考える算数の教科書の一場面について、どう教材研究を進めていくか。まず、この場面で何を教えることが期待されているのか。センチメートルからメートルへの単位換算ではないか。いや小数ではないか。ポイントとなるのは、教科書の隅っこに描かれているイラストの子どもの「30㎝ぐらいかな」という発言である。三つ分でちょうど1mになる。小数では0・333…mとなりすっきり表せないけれど、「分数」を使うとすっきり表せる。つまり、この場面は、「分数」概念を教える導入場面なのである（教材解釈）。しかし、分数を教えるのであれば、ホールケーキ、ピザなど、丸いものを等分する場面の方が、子どもたちの生活とつながるのではないかと、教科書で示された場面とは異なる教材の可能性に思い至るだろう（教材開発）。一方で、なぜ教科書はそうした不自然な場面で教えるのかと再度立ち止まって考えることで、分数指導の争点である、割合分数（「2mの3分の1」）と量分数（「1／3m」）の違いへの理解が深まる（教材解釈）。こうして教科書の意図をふまえた上で、量の意味を強調しつつ1枚の折り紙で教えるといった別の教材の可能性を探ることもできる（教材開発）。

この道筋は国語科においても同様である。「大きなかぶ」という作品を通して、何を読み取らせ、他の作品を読む際にも生かせるいかなる読みの力を育てたいのかを問う（教材解釈）。そこから、物語の繰り返しの構造やリズム感を子どもたちが味わい読み取ることがポイントとなるといった具合に、教材理解を深める。また、絵本として出版されているものと教科書に掲載されているものとでは、訳文に違いがあることに気づく。そして、教科書の訳文では、一人では不可能なことも皆が一致協力すれば可能になるという結論に導く傾向が強いことをふまえて、絵本版の訳文も素材として用いることにする（教材開発）。さらに、小学一年生には難しいかもしれないが、テクストそのものの深い読み取りを超えて、言葉の選び方でイメージや主題に変化が生まれることを感じたりするために、二つの訳文の違いをより意識的に読み比べる言語活動を構想したりするといった具合である。

知識は大きくは内容知（knowing that）と方法知（knowing how）に分類され、どちらが主軸を構成するかが教科の特性を生み出す。内容知が主で事実や技能や概念として教科内容の実体が捉えやすい社会科や理科や算数科などに比べ、「わざ」的な方法知が主で、程度の差はあれ暗黙的にやれてはいる言語活動や言語生活自体を洗練していく国語科の場合、目標・内容を具体的に意識化することは特に難しい。作品の教材内容自体が目的になったり、音読などの活動自体が目的になったりしがちな分、その作品を読み深めることで、他の作品を読み解くのにも生かせる何を育てたいのか、そもそも読み深めるとはどういうことかを教師自身がつかむことが重要である。「お手紙」の読解で、「かえるくんが送った手紙の内容がわかってもなぜ二人は手紙を待ち続けているのだろう」といった具合に、物語の中で変だなあと思うことを探っていくことで主題に迫る言語スキル、比較や視点移動といった認識方法などを意識するわけである。

2　教材研究の力を磨くには

教材研究には、教科書などをもとに教えるべき内容を明確にした上で、それを子どもが学びたいと思う教材へと具体化する道筋（教科内容の教材化）だけでなく、日常生活の中の興味深いモノや現象や出来事の発見から教材化に至る道筋（素材の教材化）もある。たとえば、「関数」を教える教材として、ブラックボックス（「傘（かさ）」の絵を入れると「坂（さか）」の絵が出てくる（さかさに読む働き）といったクイズ的なものから始まり、3を入れると5が出てくる（$y=2x-1$という働き）といった数学的なものへと展開する）を用いる場合、ブラックボックスは、「関数」概念の基本構造をわかりやすく教えるために、典型性を備えた教材として設計されている。一方、漫画「ドラえもん」の「バイバイン」の話をもとに、5分に一度2倍に増える栗まんじゅうの行く末を考えることで指数関数（$y=2^x$）について学ぶ授業は、ネタの発見から教材化に至った例と捉えることができる。国語科においても、「比べ読み」や「重ね読み」を通して主題や構造や表現の特徴を読み深める経験をさせるために、「羅生門」と「今昔物語」を用いるのは、教科内容の教材化に相当する。また、広告を見ていて、端的で惹きつけられるキャッチコピーに出合い、それを手掛かりに、自分たちの学校紹介に用いるキャッチコピーづくりを通して言語感覚を磨き言葉を選び抜く言語活動をデザインするのは素材の教材化と言える。

教える内容を眼鏡に、あるいは、子どもたち目線で彼・彼女らが何に追究心をくすぐられるかを想像しながら、日常生活を見渡せば、新聞、テレビ番組、電車の中の広告、通学路の自然や町並みの中に、教材として使えそうなネタが見つかるだろう。気が付くとネタを探してしまうアンテナができ始めたらしめたもので、教材研究の力はぐんぐん伸びていく。

教科内容から出発するにしても、素材から出発するにしても、教材化する前提として、どうしてもこれは子どもたちに伝えたい、つかませたい、教えたいというものを、そもそも教師は持てているだろうか。物語文の主題やその作品としての価値をどう考えているのか、あるいは、「関数」とは何でそれを学ぶことにどのような意味があると考えているのか。これらの問いに教師自身が一人の学び手として向き合うプロセスを大切にすることで、子どもと学び合えるし、教師の人間としての教養や内面も豊かになっていく。こうした教師が一人の学び手として納得のゆくまで教材をかみ砕きその価値を味わう経験も忘れてはならない。「教材研究する」ことは、子どもとともにテクストと出合い直し、文化を学び直す、教師の生涯学習の過程なのである。

3　教材研究の深さは学びの深さにつながるか

教材研究や教材解釈を深めることは授業づくりにおいて重要である。特に近年、「深い学び」というとき、浅く貧弱な教材に対して、思考ツールや込み入ったグループ学習の手法を用いることで、無理やりプロセスを複雑にし考えさせる授業になっていないだろうか。読み手を試す読み応えのある連続型テキストと格闘させず、非連続型テキストからの情報選択・編集作業に終始していないだろうか。教材それ自体の文化的価値が高く、内容に深みがあればこそ、その真価をつかむためにはともに知恵を出し合わざるを得ず、協働的な学びや深い学びが要求されるのである。学びの深さの前に教材自体の深さを吟味することが重要であるし、教師自身が教材の面白さを感じていないのに、子どもたちがそれに興味を示し没入することはないだろう。

その一方で、教師による教材研究や教材解釈の深さが、子どもたちの側の「主体的・対話的で深い学び」を生み出すとは限らない。むしろ、教材研究をしすぎることで授業がかたくなり、教師の独りよがりで子どもを受け身にすることへの危惧が表明されることも多い。そして、教材研究よりも、教えないこと、子どもに委ね、学びに寄り添うことが重要だと言われたりする。

だが、授業という営みは、教師と子ども、子どもと子どもの一般的なコミュニケーションではなく、教材を介した教師と子どもたちとのコミュニケーションである。学習者中心か教師中心か、教師が教えるか教えることを控えて学習者に任せるかといった二項対立の議論は、この授業という営みの本質的特徴を見落としていると言わざるをえない。教師の仕事は、その教科のうまみを得られる材を、できるだけ本物のナマのそれを考え抜き（教材研究）、材と子どもたちとのいい出合いを組織し（導入）、子どもとともに横並びでその材と対話し、時にはナナメの関係に立ちながら、うまみを感じられる入り口をさりげなく指さし続けることである（発問とゆさぶりによる展開の組織化）。さらに、「まだやめたくない」「じゃあ○○はどうなっているのかな」「大人たちがいろいろ言っていた○○ってそういうことだったのか」「これって授業で習ったことと関係あるんじゃないか」といった具合に、授業の先に、子どもたちが、授業外、学校外の生活で引っかかりを覚え、立ち止まり、学びや追究を始めるような、生活場面や生きることを豊かにしていくような、そんな子どもたちの姿を願い目指し続けることであろう（学ぶことへの導入としての授業）。

学習活動は何らかの形で対象世界・他者・自己の三つの軸での対話を含んでいる。「主体的・対話的で深い学び」についても、学習活動の三軸構造に対応するもの（対象世界との深い学び、他者との対話的な学び、自己を見つめる主体的な学び）として捉えられる。このように、自己や他者と向かい合うだけでなく、対象世界と向き合うことも忘れてはならないというメッセージが、「主体的・対話的で深い学び」という順序に表れている。ところが、よくよく考えてみると、グループで頭を突き合わせて対話しているような、主体的・協働的な学びが成立しているとき、子どもたちの視線の先にあるのは、教師でも他のクラスメートでもなく、学ぶ対象である教材ではないだろうか。授業という営みの本質的特徴をふまえるなら、子どもたちがまなざしを共有しつつ教材と深く対話し、教科の世界に没入していく学び（その瞬間自ずと教師は子どもたちの視野や意識から消えたような状況になっている）が実現できているかを第一に吟味すべきだろう（材を介した教師と子どもたちとの三角形の共同注視関係）。教科学習としての質を追求することとアクティブ・ラーニングは対立的に捉えられがちだが、教科本来の魅力の追求の先に結果としてアクティブになるのである。

教材との深い対話を実現する上で、そもそも子どもたちが教材と向き合えているかを問うてみる必要がある。子どもたちが活発に話し合っているようにみえても、教師が教材研究で解釈した結果（教師の想定する考えや正解）を子どもに探らせることになってはいないだろうか。形の上で子どもたちに委ねているように見えて、教師が手綱をしっかりと握っているわけである（正答主義で結ばれた教師‐子ども関係）。子どもたちが、個々人で、あるいは、仲間とともに、教材とまっすぐ向かい合えているかを常に問うこと、テクストの解釈に解釈を重ねたり、教師の想定する読みに収束させるべく、子どものつぶやきにアシストしてもらいながら議論を急いだりしていないかを問い、解釈の根拠となるテクストに絶えず立ち戻ることが重要である。

教材に正対しそれに没入できているか、そして、見方・考え方に例示されているような、教科として本質的なプロセス（動詞）を経験できるような教材への向かい方ができているかを吟味した上で、その経験の質や密度を高めるべく、新たな着想を得ることで視野が開けたり、異なる意見を統合して思考や活動がせりあがったりしていくための指導の手立て（枠組みの再構成やゆさぶり）が考えられる必要がある。学びが深まる経験は、グループでの創発的なコミュニケーションの中で、さまざまな意見が縦横につながり、小さな発見や視点転換が多く生まれることでもたらされる場合もある。また、クラス全体でもう一段深めていくような対話を組織することを通じて、なぜなのか、本当にそれでいいのだろうかと、理由を問うたり前提を問い直したりして、一つの物事を掘り下げることでもたらされる場合もある。グループでの子ども同士の学び合いのあと、各グループからの話し合いの報告会や交流で終わるのではなく、子どもたちが気づいていない複数のグループの意見のつながりを示したり、子どもたちが見落としているポイントや論点を提示したりして、子どもたちをゆさぶる投げかけ（「まだまだ甘い」とつっこみ教育的に挑発する）をすることを日々意識するとよい。教師が子どもに教え込む（タテ関係）だけでも、子ども同士で学び合う（ヨコ関係）だけでもなく、教材をめぐって教師と子どもがともに真理を追求し、子どもたちが先行研究者としての教師に挑み、教師も一人の学び手として子どもたちと競る関係（ナナメの関係）を構築していくことが重要である。

4　言語生活を豊かにする「真正の学び」の追求へ

教科学習としての質を追求するというと、この内容を押さえているか、このレベルまで到達させているかといった具合に、内容面からの議論に視野が限定されがちである。しかし、資質・能力ベースのカリキュラム改革においては、目の前の子どもたちが学校外での生活や未来社会をよりよく生きていくこととのつながりから、既存の各教科の内容や活動のあり方を見直すことが、いわば、「真正の学び（authentic learning）」（学校外や将来の生活で遭遇する本物の、あるいは本物のエッセンスを保持した活動）の保障が求められている。

教科における「真正の学び」の内実を、学力の質という面から考えてみよう。ある教科内容に関する学びの深さ（学力の質的レベル）は、次の三層で捉えられる。個別の知識・技能の習得状況を問う「知っている・できる」レベルの課題（例：その代名詞がだれを指しているかを答える）が解けるからといって、概念の意味理解を問う「わかる」レベルの課題（例：登場人物の心情をテクストの記述から想像する）が解けるとは限らない。さらに、「わかる」レベルの課題が解けるからといって、実生活・実社会の文脈での知識・技能の総合的な活用力を問う「使える」レベルの課題（例：自分の好きな物語の魅力を図書館の利用者に伝えるために紹介文を書く）が解けるとは限らない。「真正の学び」は「使える」レベルの学力を追求するものである。

「真正の学び」は、教科における実用や応用の重視とイコールではない。教科の知識・技能が日常生活で活きることを実感することのみならず、知的な発見や創造の面白さにふれることも、知が生み出される現場の人間臭い活動のリアルを経験するものであるなら、それは学び手の視野や世界観（生き方の幅）を広げゆさぶり豊かにするような「真正の学び」となる。よって、教科における「真正の学び」の追求は、「教科の内容を学ぶ（learn about a subject）」授業と対比される、「教科する（do a subject）」授業（知識・技能が実生活で生かされている場面や、その領域の専門家が知を探究する過程を追体験し、「教科の本質」をともに「深め合う」授業）を創造することと理解すべきだろう。そして、「教科する」授業は、教科の本質的かつ一番おいしい部分を子どもたちに保障していくことをめざした、教科学習本来の魅力や可能性、特にこれまでの教科学習であまり光の当てられてこなかったそれ（教科内容の眼鏡としての意味、教科の本質的なプロセスの面白さ）の追求でもある。

国語科であれば、ＰＩＳＡが提起したように、「テクストを目的として読む」のみならず、「テクストを手段として考える」活動（例：複数の意見文を読み比べてそれに対する自分の主張をまとめる）を保障することで、子どもたちの学校外や未来の言語活動を豊かにする学びとなっていく。一方で、社会と結びつけることを実用主義とイコールととらえてしまうと、よいプレゼンの仕方について議論するといった職業準備的な国語教育に陥りかねない。四技能を総合するような活動（「使える」レベル）は、それに取り組むことでテクストのより深い読み（「わかる」レベル）が促されるような、ことばに関わる文化的な活動であることを忘れてはならない。

教材を介して社会や文化のホンモノやその深みへと誘う、共同注視の関係性を軸にした授業が、「教科する」授業である。子どもと学び合いながら、学びを深める指さしができるためには、教材研究で教師自身がまず学び（対象世界と対話し「教科する」）、さらに、授業過程においては、教材研究の結果ではなく教材研究のプロセスをこそ子どもと共有し、たどりなおすことが肝要である。たとえば、島崎藤村「初恋」という詩の教材研究において、教師同士で「われ」と「君」の関係をめぐる議論が起こったなら、議論の結果至った結論めいたものを子どもたちにつかませるよりも、まさに教師同士でも議論が分かれた問い（「『われ』と『君』は両思いなのだろうか」）をそのまま子どもたちに投げかけ、テクストに即した解釈を自由に交流し合う授業を構想するといった具合である。

対象世界はいかに深く理解したとしても、完全に理解しきることはない。より妥当な読みはあっても読みに正解はない。一人の学び手として、この作品を子どもたちはどう読むのかを知りたいという気持ちで、子どもたちとともに教材と向き合い、どこからどう読んだかを丁寧に聞き取り、わかりにくい部分は問いかけたりしながら、子どもたちの読みを味わいながら、テクストをともに再読していく心持ちが、教室に対話を生み出すだろう。

参考文献

石井英真『授業づくりの深め方』二〇二〇年、ミネルヴァ書房

V　国語科の教材研究力を高めるための6冊―読書案内

『直観からの出発―読む力が育つ「丸ごと読み」の指導』（田中智生・小川孝司 監修／岡山・小学校の国語を語る会 編）

植山　俊宏（京都教育大学）

ときおり、国語教師を国語派か、日本語派かで見定めることがある。内容派か言語能力派かと言い換えるとイメージしやすい。この議論を少し進めてみると、内容派は物語の内容・主題を読み深めることに、言語能力派は物語で用いられている技法や手法に分析することに重きを置く。言語能力派は、部分・細部の分析に陥りがちである。技法や手法を分析しても物語全体の読みに収れんさせていくことが難しいのである。ときおり、文法的読みと称して、細部の分析の成立をもって「読み」としている例さえ見かける。

　この内容と言語能力を適切に結び付けた教材研究の著書に故小松善之助氏の『教材「ごんぎつね」の文法』（一九八八・明治図書※入手不可能ではない）がある。部分を重視しながらも全体に見事に関係づけていく論法は感嘆に値する。「深く」「明快」な教材研究の書である。反対に物語全体の手法を取り上げて、分析し、教材研究に資してきたのが阿部昇氏である。『読解力を鍛える古典の「読み」の授業』（二〇二一・明治図書）は、卓抜した分析力を示す。また児童言語研究会関可明氏の『多様な読みを学び合う文学の授業の創造 ヴィゴツキーの発達論から授業を見直す』（二〇二二・子どもの未来社）も故岡本夏木氏（京都教育大学名誉教授）らの理論をふまえた分析的な教材研究の成果が示されている。いずれも細部の重要性を唱えつつも、全体像を明確に視野に入れた文献である。

　さて「この一冊」となると、田中智生・小川孝司監修・岡山・小学校の国語を語る会編『直観からの出発　読む力が育つ「丸ごと読み」の指導』（二〇〇八・三省堂※入手は可能）を推したい。「子どもは読めている」（直観）という前提から、明快な課題を立て、全体（丸ごと）から解き明かしていく。例えば「大造じいさんとがん」（森下響子氏稿）では、「子どもは、この作品を通読すると、まず残雪のすばらしさを直観し、「残雪のすばらしいところを確かめよう」という丸ごと読みの課題をつかむ。そして、「残雪のすばらしいところ」を文章全体から見つけるという丸ごと読みに取り組む。」とされ、課題と全体像との関係を捉える学びが示されている。その後、「大造じいさんもすばらしいと直観」し、「確かめよう」と拡張していくみちすじも提示されている。革新的な教材研究の書といえる。

（三省堂、二〇〇八年、税込二〇九〇円）

『物語の構造―〈語り〉の理論とテクスト分析』(F・シュタンツェル 著/前田彰一 訳)

中村 哲也(岐阜聖徳学園大学)

少年期の悲惨な戦争体験を描いた米倉斉加年「大人になれなかった弟たちに…」は、三十年以上の長きにわたり、中学校の国語教育の現場に広く浸透し、数多の実践、教材研究が積み重ねられ、いわゆる、代表的な「平和教材」(「戦争教材」)のひとつとなっている。

私自身、この教材を使った多くの授業を観てきたが、弟のミルクの盗み飲みを繰り返した「僕の懺悔」にこだわった読みの授業が余りに多く、何か腑に落ちないものを感じてきた。しかし、「読み」の授業研究会の「構造よみ」を使った教材解釈を導入すると、僕の懺悔だけでは、決して作品の全体を押さえたことにはならないことが判明する。

ここに、私が、「構造よみ」の方法を採用する理由の一端がある。つまり、ひとつの文学作品・教材の、冒頭から末尾にかけての「全体構造」=筋(プロット)の展開をしっかりと踏まえた読解指導と教材研究が行えるからである。「構造よみ」は、作品の全体構造を押さえつつ、プロット=筋の決定的な転換点(=クライマックス)はどこかを読み取ることに最大の重点を置くもので、「クライマックス」を摑むことは、その作品全体の筋=プロットを読み取ることになるのである。実際、読者は、えてして、興味をそそられる面白い場面や刺激的な部分・段落などに読みの関心が向かいがちで、なかなか作品の全体構造を踏まえた読みへと向かっていかない。そのため、「構造よみ」を取り入れることで、部分的な読みに拘泥する傾向から、作品の全体構造=プロットの展開に配慮したものへと読者の読みの質を向上させていくことが可能となるのである。

だが、「構造よみ」を用いることで、次第に、文学教材における「一人称」作品の独特の難しさを私は思い知ることになった。「一人称」作品は、意外に解釈にてこずる難しさを持っているということなのである。なぜか。この疑問に本書は一定の答えを与えてくれる。

シュタンツェルが強調するように、一人称作品では語り手は登場人物でもあり、〈物語る私〉と〈体験する私〉の間には多彩な力動的な関係、さらには心理的時間的距離としての「物語距離」が織り込まれている。この「一人称」独特の「語りの構造」を捉えることの重要性を本書は詳しく論じており、一人称の教材研究にとって欠くことのできない一書といえる。

(岩波書店、二〇一四年、税込八二五〇円)

『「物語の創作」学習指導の研究』（三藤恭弘 著）

成田　雅樹（秋田大学）

従来の「読むこと」の教材研究では、学習者が習得する資質・能力と、教材の内容、構造、表現などを関係づけながら分析してきた。ただし、この教材研究の内容は教師が心得るものと見做され、学習者が自覚し理解するものとは考えられていないことが多かった。

しかし、現在の学習指導要領では、習得すべき資質・能力や、教材への働きかけ方とこれを決めるための「言葉による見方・考え方」を学習者が自覚することが求められている。文学的文章の場合は、教材の文章に固有の「物語内容」を読むだけでなく、その内容がどのように表されているかという「物語言説」をも読み、さらには作者がいかに物語っているかという「物語行為」までをも読む学習が求められる。「言葉による見方・考え方」を獲得し働かせる学習には、作者側から教材を見るメタ的な目線が必要であり、それは「物語言説」や「物語行為」を読むことになるからである。

本書の著者は、「はじめに」において、学習者自身が作者になる「物語の創作」学習で、「読み」と「書き」の共通項である「物語文法」を自覚的に学ぶことで、「読み」「書き」双方が深い学びになっていくと説く。第Ⅱ章の3項で述べられている「イメージを言語化する能力」「ディスコースを制御・統括する能力」「レトリックとしての言語能力」「推論的思考を働かせる能力」や、その〈指導原理〉五点、〈指導原理から導き出される指導方略〉五点は、物語を「読む」学習指導においても、作者を意識させるために参考にしたい。

また第Ⅳ章の末尾には、小学校について〈各学年で学ぶ要素〉が十一点挙げられ、その後に学年別の詳しい説明が述べられている。これをまとめて、小学校から中学以上までの七段階で、獲得を目指す知識・技能が図に整理されている。この図は、「物語の創作」学習指導カリキュラムの案として示されているが、「読み」と「書き」の共通項として扱うことで、「言葉による見方・考え方」が働く深い学びが期待できる。

このほか、物語の「読解」と「創作」が相互に生かされる単元配列と検証授業の記録（第Ⅱ章）や、大学生が「物語の創作」指導体験をした記録とその考察（第Ⅲ章）など、実践に直結する内容がある点も、本書をお勧めする所以である。

（溪水社、二〇二一年、税込四九五〇円）

『個別最適な学びに生きる　フレームリーディングの国語授業』（青木伸生 編著／「ことば」の教育研究会 著）

青山　由紀（筑波大学附属小学校）

「フレームリーディング」とは「自分のもっているフレーム（目のつけどころ）を生かしつつ、そのフレームを更新したり、新たなフレームを獲得したりしながら文章のつながりをとらえる手法」と著者は定義づけている。そして物語と説明文、それぞれ12のフレームを示している。

例えば〈物語における12のフレーム〉には、作品構造のフレーム、視点のフレーム、題名のフレーム、場面のフレーム、ジャンルのフレーム、人物のフレーム、変容のフレーム、キーアイテムのフレーム、描写のフレーム、ジャンルのフレーム、主題のフレーム、読者自身のフレームが示されている。

フレームというと枠組みのように思われるが、「目のつけどころ」と言っているように、読みの「観点」である。それぞれのフレームの中には、教科書に学習用語として示されるものも多く含まれ、特殊なものではない。

さらに、「読むこと」の学習過程に沿った「物語のフレームリーディングのプロセスと系統表」も示されている。小学校一年生から六年生まで学年毎に「目のつけどころ」を配列し、それを学ぶのに適した教材名も挙げている。【構造】には次のような教材が並ぶ。

一年生　くり返し…「おおきなかぶ」
二年生　起承転結…「スイミー」
前話—本題—後話…「スーホの白い馬」
三年生　現実—非現実…「まいごのかぎ」
対比…「きつつきの商売」

質の異なる【構造】が含まれているが、教材を分析するには最初はあまり細分化しない方がよい。また、物語の場合は身につけたい観点（目のつけどころ）がわかりやすい作品を選ぶ必要があり、この資料は参考になる。

実践編には、教材のフレームに着目させるための発問や単元構想の実践が解説されている。フレームを活用した教材分析と学習者をどのようにつないで授業を構想していったらよいかといった教材研究が見えてくる。

「高学年であっても、私はフレームリーディングという言葉は使いません。子どもの中に読み方として目のつけどころが増えていけばいいわけで、結果的に教師側の言うフレームリーディングになっているだけだと思っています」という青木氏の言葉が、本書が教材研究を指南するものであることを物語っている。

（東洋館出版社、二〇二一年、税込一九八〇円）

『日本語の歴史—青信号はなぜアオなのか〔新装版〕』（小松英雄 著）

加藤　郁夫（大和大学）

> 日本の子どもたちにとって、日本語の知識と能力こそ、その全面発達を支え・うながす基本的な要素をなすものである。国語科は、この知識・能力の高めに中心的に責任を負うべき教科である。（大久保忠利『国語教育本質論』一光社、一九七三年、五頁より）

国語教育を考える時、私は右の言葉に立ち戻ることを常に意識するようにしている。私たちが日常話し、聞き、読み、書きしている日本語がどのような言語なのかということに無意識で、子どもたちの日本語の知識と能力の高めに責任が持てるわけがない。国語教師であるからには、言葉に拘り、できる限り意識的でありたいと思っている。

本書は、日本語について多くの知見を示してくれる。例えば次のような原則である。

> 一般に、同一の事物や同一の概念をさすふたつの類似した語形Aと語形Bとが同時期の同一方言に共存する場合には、①語形Aから語形Bに移行する過渡期にあるか、さもなければ、②語形Aと語形Bとが、意味や含みの違いで使い分けられているか、そのどちらかである。

この後に「男性」と「男」の用い方の違いが例示される。言葉の差異を考えることの大切さが改めて確認できる箇所である。

副題「青信号はなぜアオなのか」も、日本語について考えさせてくれる。信号といえば、赤・青・黄色の三色。ただし、青色が実際には緑色に見えるのも皆が経験していることである。なぜ、ミドリといわず、アオ信号なのか。

この問題は「5　日本語の色名」で詳しく述べられる。本書から学んだことを、私は生徒や学生には「日本語の四原色って知っている？」という導入ネタとして使っている。生徒たちは一瞬「えっ？」と驚いた顔をする。光の三原色（赤・緑・青）は聞いたことがあっても、日本語の、それも四原色など聞いたこともないからである。答えは、赤・青・白・黒の四色である。詳しくは本書をお読みいただきたい。

教材研究を深めていくためには、言葉に拘ることが必須である。そうすることで、物語・小説であれ、説明文・論説文であれ、その工夫や仕掛けが読み深められていく。私たちが日常ほとんど意識することなく使っている日本語という言語がどのような言葉なのかを、改めて見つめ直させてくれる一冊である。

（笠間書院、二〇一三年、税込二〇九〇円）

『読解力を鍛える古典の「読み」の授業─徒然草・枕草子・平家物語・源氏物語を読み拓く』(阿部昇 著)

小林　信次（元日本福祉大学）

読み研代表の阿部昇の著で、古典の「読み」の授業の方法を解き明かしたものである。副題は、「徒然草・枕草子・平家物語・源氏物語を読み拓く」とある。

著者は「古典の授業を生徒にとって魅力的なものにするための方策、古典の授業で子どもたちに高い言語の能力を育てるための方策などについて若干の問題提起をさせていただきました」と述べている。古典の代表的な作品への新しい読みの可能性への挑戦的な著作といえる。著者の文章・作品のジャンル分けに独特の視点がある。文学的な文章（①物語・説話・日記、②和歌・短歌・俳句、③物語型随筆）、説明的な文章（①論理型随筆、②事例列挙型随筆、③記録型随筆）の分類分けから指導過程が作られている。

著者は、①作品の全体構造を俯瞰的に読む指導過程　②作品の論理のレトリックを読む指導過程　③作品の評価批評・批判をする指導過程について解き明かしている。

私が注目したのは、今までの古典の教え込みの授業からの脱皮として示されている古典の文章・作品を評価・批評するための方法試案である。

説明的な文章と文学的な文章に分けてあるが、①人物設定・時・場・状況設定を評価・批評する　②事件展開を評価・批評する　③語り手について評価・批評する　④異本の比較により評価批評する　⑤現代語訳の比較により評価・批評する　⑥テーマ、思想、見方、教訓、主張について総括的に評価・批評するなどが方法として示されている。

その具体的な事例としての作品解釈は独特で魅力的である。

たとえば「徒然草」の「仁和寺にある法師」では、その失敗譚を一途な失敗か、滑稽な失敗か、なぜ仁和寺にある法師なのか、と解き明かしていく。

私は、「『源氏物語』を読み拓く」の章も卓越した読みを提起していると思った。数多くの研究者によって論じられてきた源氏物語への著者の挑戦的な読み方としての桐壺「いずれの御時にか」、葵「大殿には、御物の怪いたう起こりて」、若菜「御御几帳どもしどけなく引きやつつ」などが興味をひく。斬新な読みを提案していて強く惹きつけられる。

この著作は、古典の指導に苦しんでいる教師、また古典の授業でより深い読みより豊かな読みを展開したい教師にとって好著といえる。

（明治図書、二〇二一年、税込二八六〇円）

Ⅵ　連載・教材研究のポイント

「少年の日の思い出」（H・ヘッセ）の教材研究―ここがポイント

岩崎　成寿（滋賀県・立命館守山中学校・高等学校）

1　構造よみ

(1) 作品全体の構造

この作品は、一行空きを挟んで、「私」が語り手となる〈第一部〉と、発言の形で「客」が「私」に対する語り手となる〈第二部〉という二部構成になっている。現在の出来事から過去の出来事に時間が遡及していくという意味で「錯時法」「額縁構造」と呼ばれる仕掛けである。ただし、それらは多くの場合、語り手の設定に変化がないのに対し、この作品は語り手が入れ替わる仕掛けになっている。いわば、〈第二部〉の世界は〈第一部〉の世界に包括されており、「入れ子」になっている。したがって、これを額縁構造と区別し、「入れ子構造」と呼んでおく。

一方、〈第二部〉は単独で一つの物語といえる独立性を有しているため、〈第二部〉のみで構造よみが可能である。しかし、入れ子構造であることをふまえれば、〈第二部〉のみの構造だけでなく、作品全体の構造を把握することが必要となる。

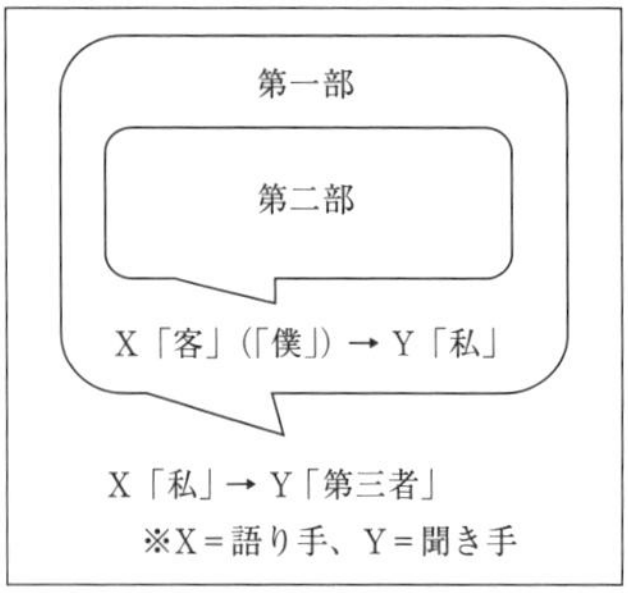

作品全体の事件としては、客が「私」に過去を語る出来事、つまり両者の関わりが軸となる。冒頭から両者が「話し合った」、つまり両者の関わり合いが始まっていることから、〈第一部〉は展開部にあたり、

「冒頭」＝「発端」、つまり導入部なしと読める。

また、「自分でその思い出をけがしてしまった」客が、その経緯を語った内容が〈第二部〉全体である。聞き手としては、「いったいどんな過去があったのか」という関心をもって客の語りを聞くことになる。つまり、その謎が明かされていく仕掛けになっている「謎解き」型のプロットである。したがって、その謎が明かされる〈第二部〉が山場として位置づけられる。

導入部なし
展開部〈第一部〉「私」と客との対話
山場〈第二部〉客の一人語り
終結部なし

本来であれば、「私」と客との世界に立ち戻る終結部が設定され、客の語りを聞いた「私」の反応が描かれて然るべきであるが、その部分は省略されており、終結部はない。したがって、この作品は、全体としては展開部・山場の二部構造ということになる。

これとほぼ同じ構造をもつのが、高校定番教材の夏目漱石『こころ』である。『こころ』は〈上〉〈中〉〈下〉の三部構成であり、〈上〉〈中〉において、「私」が語り手となって「先生」との関わりを語り、導入部・展開部を構成している。その中で「先生」の過去をめぐる謎が一つずつ積み上げられていき、〈下〉として「先生」の手記がそのままの形で提示され、語り手が「先生」、聞き手が「私」となる。その中で「先生」の過去の秘密が語られることになる。「先生」の手紙である〈下〉が終わると同時に作品も終了し、終結部がない[1]。

その意味では、この作品と『こころ』は全く同じ語りの構造になっている。ただし、作品全体に占める〈第一部〉の割合が、『こころ』では半分程度であるのに対し、この作品では二割程度に留まっており、また、長編と短編という違いもある。

従来、「読み」の授業研究会では、ほとんどの教材分析において〈第一部〉を導入部（の一部）として取り扱う立場を取ってきた。しかし、『こころ』と同様、語りが入れ子構造であることを考えれば、前述のような読みが成立することは無視できないと私は考える。

（2）〈第二部〉の構造

〈第二部〉を独立した作品として考えた場合、この物語が「僕」と「エーミール」との関係性によって事件が構成されていることから、発端（事件の始まり）は両者が関わり合いを始めた「青いコムラサキ」を見せるところと読める。また、「あるとき」とあるように、ここから非日常の出来事が始まることからも、それはいえる。それ以前は、「箱」をめぐって、「僕」が収集したものを仲間たちに見せず妹たちだけに見せることが「習慣」になっていたとあることから、「あるとき」から「説明から描写」へと移行する、書かれ方の変化が読みとれる。(2)

ただし、その箇所が段落の途中であることから、直前の改行箇所である「僕の両親は立派な道具なんかくれなかったから、……」を発端とする考えも成り立つが、先ほど述べた「習慣」のことを考えると、すっきりしないものが残る。書かれ方の問題として、吟味よみの対象にもなりそうだが、ここでは形式よりも内容を重視し、「あるとき、……」を発端と読む。

山場の始まりは、「僕」が自身の収集物であるチョウを「こなごなに押し潰」すに至る出来事の始まり、つまりエーミールが「ヤママユガ」を手に入れる出来事が始まる「二年たって」である。

第二部の構造表

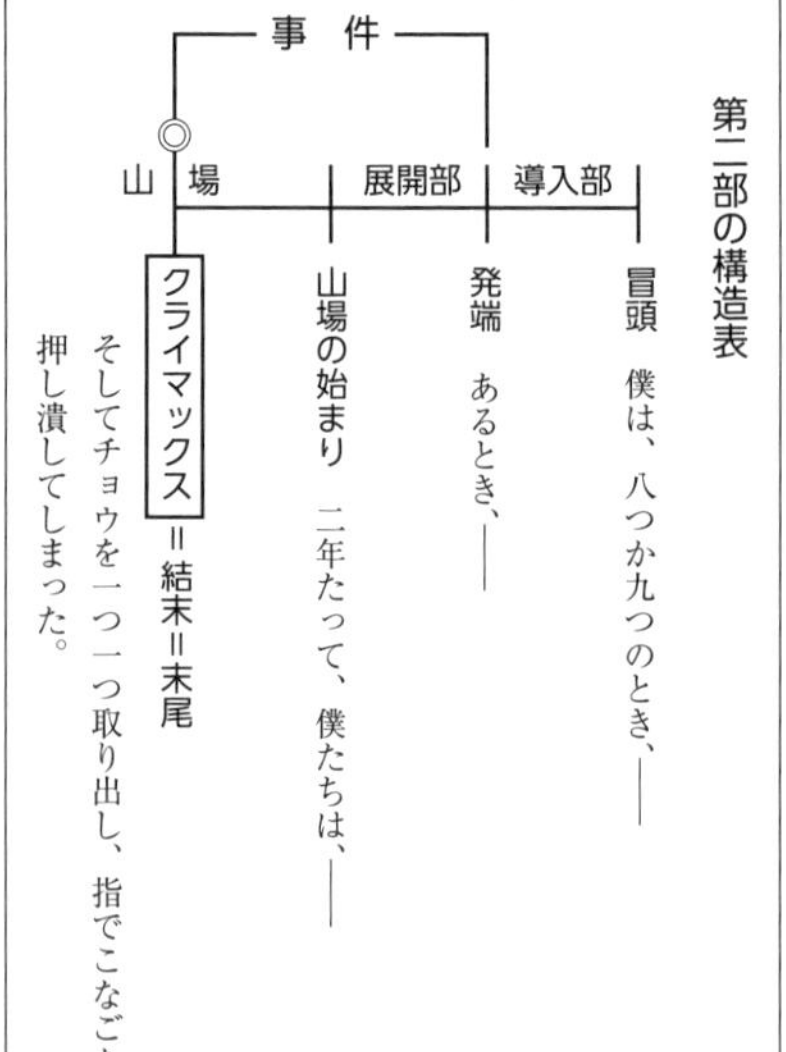

クライマックスは、一義的には「事件の流れがそこで決定的となる(3)」部分である。作品全体の構造よみで見たように、現在の「僕」＝「客」が「自分でその思い出をけがしてしまった」と語る、「けがしてしまった」（＝やめてしまった）ことの真相が最も明確に現れている箇所であるはずである。事件の流れは、〈チョウを盗む→ポケットに入れ潰してしまう→エーミールに許しを請うが受け入れられない→一度起きたことは償えないことを悟る→自分の標本をこなごなに押し潰す〉となっている。最終的に、チョウの収集をやめたことが明示されるのは、

自分が収集した標本を自らの手で押し潰す部分であるといえる。

クライマックスの（二義的な）指標である、「読者により強くアピールする書かれ方になっている」「作品の主題に深く関わる」との観点から見ても、その部分が最も適切であるといえる。(4)

第二部の構造表は前頁のとおりである。(5)

2 形象よみ

形象よみについては、紙幅の都合もあり、論点を絞って私の読みを提示する。その際、私の勤務校が採用している『教師用指導書』(6)（以下、「指導書」）による教材研究を批判的に取り上げることで問題提起としたい。

(1) どこをこそ読むべきか――「鍵」への着目

阿部昇は、「導入部の設定も展開部・山場の事件展開も、クライマックスにつながるように仕組まれている場合が多い。だから、クライマックスを意識することで、導入部の鍵の部分、展開部・山場の鍵の部分が自然とみつけやすくなる」(7)と述べている。そこで、どの語句・文を形象よみすべきか、つまり「鍵」への着目について、クライマックスをふまえて考える。

構造よみで確認した通り、「チョウを一つ一つ取り出し、指でこなごなに押し潰してしまった。」がクライマックスだと仮定すると、この作品の事件は、「僕」が「熱情はまだ絶頂にあ」り、「宝」であった収集したチョウを「こなごなに押し潰」すに至る出来事の流れということになる。

それをふまえると、「鍵」となる部分は、

A　そうした背景にある、チョウの収集に対する「僕」の見方・考え方の変化（人物設定・新しい人物像）

B　そのきっかけとなったエーミールとの関係性の変化（事件の発展）

の二点であることが見えてくる。

その際、A・Bは「僕」の子どもの頃にとどまらず、大人になった現時点における認識である点に留意する。

なお、形象よみとしては、入れ子構造であることをふまえ、〈第二部〉を独立した作品として読んだ後に〈第一部〉を含めた作品全体を俯瞰するという順序で読みとる方がわかりやすい。それは授業化においても同様である。

(2)「僕」が盗みを犯した理由の考察

「指導書」は、次のように解説している。

> 「僕」は「熱情的」な収集家であったとされることから、従来「チョウ」自体の美への憧れから盗んでしまったと解釈されてきた。もちろん、「チョウ」への執着がそうさせたともいえるのであるが、見逃してならないのは、「僕」の欲望は「チョウ」それ自体というより「エーミール」に対する欲望へと変質していたという点である。(中略)だから、「ヤママユガ」を「エーミール」が持っているということは、「僕」の優越感を危うくさせることになり、「僕」にとっては、あってはならないことなのである。「ヤママユガ」は「エーミール」ではなく、自分の収集の中になければならないのである。

その帰結として、『エーミール』に対する劣等感が盗むという行為に駆り立てた」という「解答例」を提示している。こうした読みは、参考文献を参照したものであることが確認できる。(8)

たしかに、「僕」がチョウ収集にかける「熱情」がエーミールによって振り回されていることは否めない。もともと「隣の子供」であったことから、二人は幼なじみでしかも同級生であった可能性が高く、部屋に入る様子等からは以前から交流があったことを窺わせる。エーミールは「羽をにかわで継ぎ合わすという、非常に難しい珍しい技術」を習得しており、「手入れの正確」さから、「僕」は彼の収集を「宝石」と呼び、一目置く存在であった。

そして、一事に集中すると他のことをなおざりにしてしまう「僕」と違い、「あらゆる点で、模範少年」「非の打ちどころがない」人物であることから、「悪徳」「妬み」「嘆賞」「憎」むという複雑な見方をしていた。「先生の息子」であることも、それらを増幅していたと思われる。また、「自分だけの部屋を持っていた」ことへの羨望の念も強調されている。そうした中で、「彼の収集は小さく貧弱」という点だけが、優位に立てると「僕」は考えていたというのも納得できる。他の収集仲間が「ぜいたく」で「立派」な収集道具を所有していることの劣等感から交流がなくなっていた「僕」が、エーミールだけに「珍しい青いコムラサキ」を見せようと思い立つのも、そうしたエーミールに対する劣等感と優越感がないまぜになっているという背景があってのことであろう。

しかし、だからといって、「僕」の欲望が変質したことが盗みを犯した理由であると読むのは無理があると考える。何より、そのように主張する本文中の具体的な根拠が示されていないことが問題である。

むしろ、本文から読めるのは、「僕」の「ヤママユガ」に対する「美への憧れ」の極致ではないだろうか。

たとえば、「僕」が「友達」から、「チョウはたたんでいる黒みがかった前羽を広げ、美しい後ろ羽を見せるだけだが、その大きな光る斑点は非常に不思議な思いがけぬ外観を呈するので、鳥は恐れをなして、手出しをやめてしまう」という話を聞いて、「僕はすっかり興奮してしまって、それが見られるときの来るのが待ちきれなく」なるという描写がある。これまでの「美しさ」に「不思議な」要素が付加され、いっそうの興味を引くのである。部屋に入って、現物を見る場面でも、「胸をどきどきさせながら」ピンを抜くと、「四つの大きな不思議な斑点が、挿絵のよりはずっと美しく、ずっとすばらしく、僕を見つめた」と、擬人法を用いて完全に魅了された様子が描写される。少なくとも、こうした一連の記述には、エーミールへの劣等感や優越感の記述は皆無である。

そうだとすると、「僕」が盗みを犯した理由は、「僕」が「ヤママユガ」の「不思議な斑点」に魅了され、予想以上の衝撃を受けた結果、「逆らいがたい欲望」により倫理観が吹き飛んでしまい、「僕は生まれて初めて盗みを犯し」てしまったと読むのが自然である。これは、〈第二部〉の導入部で示された、一事に集中すると他のことをなおざりにしてしまう「僕」の性質がここでも発揮されたものでもある。

(3)「僕」が自らの手でチョウを押し潰す理由の考察

「指導書」は、次のように指摘する。

> 「エーミール」に勝りたいという深層心理が盗みという行動を促した。しかし、「僕」はそのことに気付いていない。だから、「僕」は「エーミール」に謝罪もしていないし、理解しようともしていない。相変わらず、自分が収集においては勝っているという認識のままなのである。（中略）そして、収集については自信を持っていた分、「自分のチョウの収集を全部やる」と言ったにもかかわらず、拒否されると、「すんでのところであいつの喉笛に飛びかかるところだった。」

となる。「エーミール」に対する優越感は崩壊したのである。（中略）他者に優越するための手段であった「チョウ」は、かえって他者に敗北する結果となった。

　以上を根拠に、「『僕』にとっての『チョウ』は、『エーミール』や他のチョウ仲間に勝るための『獲物』（＝手段）でしかなかった。しかし、そのためにかえって心が傷つく結果となってしまい、もはや『チョウ』は不要になったため」が「解答例」として示されている。

　前項で問題にした、「『エーミール』に勝りたいという深層心理が盗みという行動を促した」との認識を前提とした論理展開になっている。

　こうした読みの一番の問題は、この場面において「僕」が、「自分が収集においては勝っているという認識のまま」、収集を全部やるとの提案が拒否された段階で初めて「『エーミール』に対する優越感は崩壊した」と読んでいる点である。

　本文を丁寧に読むなら、展開部の「珍しい青いコムラサキ」を見せた時に、エーミールから「こっぴどい批評」で傷つけられて以降、「二度と獲物を見せなかった」とあるので、この時点で「僕」の優越感は崩壊していたと読むべきであろう。

　では、「そしてチョウを一つ一つ取り出し、指でこなごなに押し潰してしまった。」をどう読むべきか。箱ごと踏み潰すのではなく、「一つ一つ取り出し」て指で「押し潰」す行為には丁寧さがある。名残惜しそうに、思い出をかみしめながら潰す様子がうかがえる。しかし、「こなごなに」、跡形もなく、徹底的に行っている。おそらくかなり時間をかけて行った行為であろう。「僕」が自分の生き方そのものであったチョウの収集を断ち切る決意をするほど、衝撃を与えたこととは何なのか。

　一つは、自分がヤママユガを潰してしまった罪に苦しみ、自らを罰したということである。それは、「盗みをしたという気持ちより、自分が潰してしまった美しい珍しいチョウを見ているほうが、僕の心を苦しめた」や「それをすっかり元どおりにすることができたら、僕はどんな持ち物でも楽しみでも、喜んで投げ出したろう」から読みとれる。また、エーミールを訪ねたとき、「チョウを見せてくれ」と頼み、「僕はだいなしになったチョウが展翅板の上に載っているのを見た。（中略）しかしそれは直すよしもなかった。触角もやはりなくなっていた」から、エーミールの技術で回復することに一縷の望みを抱いた可能性からも読める。

もう一つは、やはり、エーミールの「君がチョウをどんなに取り扱っているか、ということを見ることができたさ」の発言である。チョウを潰したことに苦しんでいた「僕」にとって、エーミールの言葉はそれにとどめを刺す、宣告であったといえる。

いずれにせよ、チョウの「美しさ」「不思議さ」に最大の価値を置いていた「僕」にとっては、結果としてそれを全面的に否定する行為を行ってしまい、取り返しがつかない事態を招いたことに対する衝撃は、自らのアイデンティティを否定せざるを得ないほど、大きな事だったといえる。

なお、本稿は、「読み」の授業研究会関係者の先行研究をふまえていることをお断りしておく(9)。

注

(1) 岩崎成寿「『こころ』全文の構造よみ試案―ストーリーとプロットを識別する読みの指導―」科学的「読み」の授業研究会『研究紀要V』二〇〇三年。

(2) 阿部昇『物語・小説「読み」の授業ための教材研究―「言葉による見方・考え方」を鍛える教材の研究―』二〇一九年、明治図書。

(3) 前掲書(2)

(4) 前掲書(2)

(5) 本文は『伝え合う言葉 中学国語2』二〇二一年、教育出版による。

(6) 「伝え合う言葉　中学国語1　教師用指導書　教材研究編　下」教育出版

(7) 前掲書(2)

(8) 丹藤博文『文学教育の転回』二〇一四年、教育出版

(9) 直近では、阿部昇『物語・小説「読み」の授業のための教材研究』(二〇一九年、明治図書)、「読み」の授業研究会『国語授業の改革19』(二〇一九年、学文社)および『国語授業の改革20』(二〇二〇年、学文社)所収の熊添由紀子の論考、読み研関西サークル『中学校国語科「言葉による見方・考え方」を鍛える小説・説明文・論説文の「読み」の授業と教材研究』(二〇二一年、明治図書)を挙げておく。

【編集委員紹介】

阿部　　昇（あべ　のぼる）〔編集委員長〕

秋田大学名誉教授、東京未来大学特任教授。「読み」の授業研究会代表。日本教育方法学会理事、全国大学国語教育学会理事、日本 NIE 学会理事。

〈主要著書〉『増補改訂版 国語力をつける物語·小説の「読み」の授業―「言葉による見方·考え方」を鍛えるあたらしい授業の提案』『物語・小説「読み」の授業のための教材研究―「言葉による見方·考え方」を鍛える教材の探究』『読解力を鍛える古典の「読み」の授業―徒然草・枕草子・平家物語・源氏物語を読み拓く』『文章吟味力を鍛える―教科書・メディア・総合の吟味』『アクティブ・ラーニングを生かした探究型の授業づくり―主体・協働・対話で深い学びを実現する』以上、明治図書、『あたらしい国語科指導法・六訂版』［編著］学文社、他。

鈴野　高志（すずの　たかし）

茗溪学園中学校高等学校教諭、立教大学兼任講師。「読み」の授業研究会事務局次長。

〈主要著書〉『国語の本質がわかる授業②ことばと作文』［編著］『国語の本質がわかる授業④文学作品の読み方Ⅰ』［編著］以上、日本標準、他。

永橋　和行（ながはし　かずゆき）

立命館小学校教諭、大阪大学非常勤講師。「読み」の授業研究会事務局長。

〈主要著書〉『小学校国語科「言葉による見方・考え方」を鍛える物語の「読み」の授業と教材研究』［編著］『教材研究の定説化「おこりじぞう」の読み方指導』『教材研究の定説化「お母さんの木」の読み方指導』［共著］『総合的学習の基礎づくり３「学び方を学ぶ」小学校高学年編』［共著］以上、明治図書、他。

渡邊　絵里（わたなべ　えり）

福岡県久留米市立三潴中学校教諭。「読み」の授業研究会運営委員。

〈主要著書〉『国語授業の改革 20　国語の授業で「対話的な学び」を最大限に生かす』［共著］『国語授業の改革 19　国語の授業で「言葉による見方・考え方」をどう鍛えるのか』［共著］以上、学文社、他。

国語授業の改革21

「対話的で深い学び」を生み出す国語科の教材研究力

――教材研究の深さこそが「対話的な学び」「深い学び」を実現する

2022年８月25日　第１版第１刷発行

「読み」の授業研究会［編］

（編集委員：阿部昇／鈴野高志／永橋和行／渡邊絵里）

発行者　田　中　千津子

発行所　株式会社　学　文　社

〒153-0064　東京都目黒区下目黒３-６-１

電　話　03（3715）1501㈹

ＦＡＸ　03（3715）2512

振　替　00130-9-98842

https://www.gakubunsha.com

印刷　新灯印刷㈱

ISBN 978-4-7620-3189-2

「読み」の授業研究会 編

〈国語授業の改革シリーズ〉

14 **授業で子どもに必ず身につけさせたい「国語の力」**
教科内容・指導事項の再構築と「言語活動」を生かした楽しい授業
ISBN978-4-7620-2472-6

15 **国語科の「言語活動」を徹底追究する**
学び合い、学習集団、アクティブ・ラーニングとしての言語活動
ISBN978-4-7620-2568-6

16 **「アクティブ・ラーニング」を生かしたあたらしい「読み」の授業**
「学習集団」「探究型」を重視して質の高い国語力を身につける
ISBN978-4-7620-2669-0

17 **国語の授業で「主体的・対話的で深い学び」をどう実現するか**
新学習指導要領 2017 の改訂を読み解く
ISBN978-4-7620-2733-8

18 **国語の授業で「深い学び」をどう実現していくか**
「言葉による見方・考え方」の解明と教材研究の深化
ISBN978-4-7620-2828-1

19 **国語の授業で「言葉による見方・考え方」をどう鍛えるのか**
「主体的・対話的で深い学び」の実現をめざして
ISBN978-4-7620-2924-0

20 **国語の授業で「対話的な学び」を最大限に生かす**
対話的な学びこそが「深い学び」を生み「言葉による見方・考え方」を育てる
ISBN978-4-7620-3104-5

各巻　Ａ５判＊192頁
価格　定価2530円（本体2300円＋税10%）